高校教学管理及教学质量保障体系研究

杜志学◎著

吉林大学出版社

·长春·

图书在版编目（CIP）数据

高校教学管理及教学质量保障体系研究/杜志学著.--长春：吉林大学出版社，2023.11
ISBN 978-7-5768-2572-5

Ⅰ.①高… Ⅱ.①杜… Ⅲ.①高等学校－教学管理－研究－中国②高等学校－教学质量－保障体系－研究－中国 Ⅳ.①G64

中国国家版本馆CIP数据核字(2023)第222268号

书　　名	高校教学管理及教学质量保障体系研究
	GAOXIAO JIAOXUE GUANLI JI JIAOXUE ZHILIANG BAOZHANG TIXI YANJIU
作　　者	杜志学　著
策划编辑	殷丽爽
责任编辑	殷丽爽
责任校对	李适存
装帧设计	守正文化
出版发行	吉林大学出版社
社　　址	长春市人民大街4059号
邮政编码	130021
发行电话	0431-89580036/58
网　　址	http://www.jlup.com.cn
电子邮箱	jldxcbs@sina.com
印　　刷	天津和萱印刷有限公司
开　　本	787mm×1092mm　1/16
印　　张	10.25
字　　数	200千字
版　　次	2024年3月　第1版
印　　次	2024年3月　第1次
书　　号	ISBN 978-7-5768-2572-5
定　　价	72.00元

版权所有　翻印必究

作者简介

杜志学，沈阳音乐学院教学质量监控中心主任，副研究员，辽宁省音乐家协会会员。

长期从事音乐与舞蹈专业教学管理工作，注重音乐教育规律和教学管理工作的研究和探索，积累了丰富的经验。主持省级教改立项《关于高等音乐院校教学方法、教学手段的创新、研究与实践》、《普通高等学校音乐学本科专业综合评价研究与实践》；参与省级教改立项三项；发表教学管理论文多篇。

前　言

高校是我国开展教育教学活动的重要基地,是培优秀社会人才养的重要场所。随着我国教育教学改革的不断深入,我国各高校也越来越重视通过建立高校教育教学质量保障体系来规范本校的教育教学活动,进而为社会发展培养出更多的优秀人才。随着社会的发展,高校间的竞争也日益激烈,高质量人才培养已成为高校在高等教育大众化进程中和人才市场化改革中竞争取胜的法宝。人才培养质量的形成主要是通过教学过程实现的,教学质量的好坏直接决定了高校人才培养的质量和学生择业竞争能力的高低。

目前,随着我国高等院校的大力发展,我国的高等教育也取得了非常大的进步。但是在我国高等院校快速发展的同时,也出现了一些问题。随着高等院校招生规模的不断扩大,许多高等院校尤其是本科院校,为了满足扩招需求而增设了新专业。这些新专业的增加给相应的教学管理带来了非常大的压力,并且给高校教学任务以及教学目标的制定和实施带来了前所未有的挑战。基于此,高校的管理者及高校的全体师生要在思想上予以高度重视,努力加强高校教学管理与提升教学质量。基于高校教学管理与教学质量保障体系建设的必要性与重要性,特写本书,旨在分析当前我国高校内部教学质量建设的现状与存在的问题,从理论和实践上对现阶段高校的教学管理与教学质量保障体系的建设进行理论探讨,提出可操作性的教学改进策略,以进一步促进我国各高校教学质量的提高。

本书第一章为高校教学管理概述,分别介绍了高校教学管理的内涵和特点、高校教学管理的机制、高校教学管理的任务与意义三个方面的内容;本书第二章为高校教学管理的内容与体系,分别介绍了高校教学计划与运行管理、高校教学质量管理、高校教学管理制度体系三个方面的内容;本书第三章为新视角下的高校教学管理,分别介绍了高校教育教学的管理创新、高校教学管理信息化建设、全球视角下的教学管理与模式三个方面的内容;本书第四章为高校教学质量保障要素与体系,分别介绍了高校教学质量保障要素、高校教学质量外部保障体系、高校教学质量内部保障体系三个方面的内容;本书第五章为高校教学质量保障体系建设，分别介绍了高校教学督导体系建设、高校教学监控体系建设、高校教学检测反馈系统建设、高校教学决策实施系统建设四个方面的内容。

  在撰写本书的过程中，笔者参考了大量的学术文献，得到了许多专家、学者的帮助，在此表示真诚的感谢。由于笔者水平有限，书中难免有疏漏之处，希望广大同行及时指正。

杜志学
2023 年 6 月

目 录

第一章 高校教学管理概述 ··· 1
  第一节 高校教学管理的内涵和特点 ································· 1
  第二节 高校教学管理的机制 ··· 7
  第三节 高校教学管理的任务与意义 ································ 13

第二章 高校教学管理的内容与体系 ································· 16
  第一节 高校教学计划与运行管理 ··································· 16
  第二节 高校教学质量管理 ··· 32
  第三节 高校教学管理制度体系 ······································ 46

第三章 新视角下的高校教学管理 ····································· 54
  第一节 高校教育教学的管理创新 ··································· 54
  第二节 高校教学管理信息化建设 ··································· 65
  第三节 全球视角下的教学管理与模式 ······························ 79

第四章 高校教学质量保障要素与体系 ······························ 86
  第一节 高校教学质量保障要素 ······································ 86
  第二节 高校教学质量外部保障体系 ································ 94
  第三节 高校教学质量内部保障体系 ································ 104

第五章 高校教学质量保障体系建设························114
　第一节 高校教学督导体系建设························114
　第二节 高校教学监控体系建设························124
　第三节 高校教学检测反馈系统建设····················136
　第四节 高校教学决策实施系统建设····················141

参考文献··153

第一章 高校教学管理概述

本章主要对高校教学管理的相关内容进行了概述，分别从高校教学管理的内涵和特点、高校教学管理的机制和高校教学管理的任务与意义三个方面进行了介绍。

第一节 高校教学管理的内涵和特点

教学是高等学校的中心工作，而教学管理工作是高校工作中的重中之重。教学管理是高校各项管理中最活跃的主导因素，是高校基本特征的体现，是高校提高教学质量的基本保证，是体现协调"教"与"学"关系的重要手段。高校要搞好教学管理，必须树立正确的指导思想，明确教学管理的总任务及基本内容。

一、教学与教学管理

（一）教学的概念

教学可分为广义的教学和狭义的教学两种类型。广义的教学是一种特殊的教育活动，它是指教的人指导学的人以一定文化为对象进行学习的活动。学的人和教的人分别包括有关的学习者和有关的教育者。狭义的教学即学校教学，是专指学校中教师引导学生一起进行的、以特定文化为对象的教与学相统一的活动。狭义的教学主要是指各级各类和各种形式的学校中的教学，教师在教学活动中扮演着组织者和指导者的角色。新时期的教学理念是教与学相统一、教融于学、教引导组织学。

由上述内容可以看出，教学即在教育目的的规范下，由教师的教与学生的学共同组成的一种教育活动。

(二)教学管理的概念

教学管理包括宏观和微观两个层面。宏观层面的教学管理是指教育行政机关对各级、各类学校及其他教育机构教学的组织、管理和指导。微观层面的教学管理主要是指学校内部的教学管理。本书所指的教学管理是学校内部的教学管理。

有了学校教育，就有了学校的教学管理。但迄今为止，人们对教学管理并未形成完全统一的认识，各国学者对教学管理的表述也不尽相同。从现代教学管理实践来看，教学管理通常是由教学内容管理、教学组织管理和教学过程管理三个部分构成的。教学内容管理主要包括课程体制、教科书制度以及课程的设置与安排；教学组织管理主要是指教学管理组织系统的构成、教学人事管理和教学组织形式的选择；教学过程管理一般包括教学目标的设置，教学环境的管理，教学方法、手段的提倡或推行教学效果评定等。本书所指的教学管理，是指学校管理者根据教育方针、教学计划、教学大纲等要求，运用现代科学管理理论、方法和原则，通过计划、组织、检查、总结等管理环节，对教学的各个方面、各个要素、各个环节进行合理组合，合理调配学校内部的各种教学资源，推动学校教学工作正常、高效地运转，以实现教学目标的活动。

二、高校教学管理的内涵

教室内的课堂教学活动涉及师生之间的积极互动，是一种有计划、有组织地促进知识和技能传递的教学形式。课堂教学管理是为了组织、调整、保障和促进课堂教学所进行的一系列活动。通常情况下，课堂教学管理指的是教师通过协调各种因素和它们之间的关系，来确保课堂教学的秩序和效益[①]。总的来说，其指所有有利于课堂教学活动顺利开展，并促进其有效实施的活动。

在一些课堂教学管理的相关研究中，将课堂教学管理划分为三个层面，分别是宏观、中观和微观层面。在宏观层面上，课堂教学管理是指国家教学管理部门对课堂教学进行全面的把握、规范和引导。其工作内容包括：制定课堂教学管理制度，规定教师课堂教学用语、禁语、奖惩权利；要求教师具备明确的知识能力和品行；审定并颁发从事课堂教学的教师职业资格证书，要求和规定课堂教学目

---

① 施良方，崔允漷.教学理论：课堂教学的原理、策略与研究[M].上海：华东师范大学出版社，1999.

标及教学质量，融入尊师、重教、爱生的社会风气等宏观层面上的课堂教学管理活动。在中观层面上，课堂教学管理是指学校教学管理部门、各级地方教育行政部门，结合当地实际和学校现状对本校、本地区教学活动编制和实施相应的管理方案，为师生制订一些大致的教学规则，形成统一的课堂纪律模式，评估和监控课堂教学质量。管理主体主要是学校和地方一级的教学管理部门，如教研室、教务处等，其是协调和组织教师课堂教学的主要机构，负责提供建设性的建议。在微观层面上，课堂教学管理是指在具体一堂课中，通过教师和学生的互动合作来协调和组织课堂环境的建构、课堂氛围的营造、解决具体问题以及完成和检验课堂教学目标等方面的管理工作，这种管理具有情景性，其主体是教师和学生。

以下几个因素在课堂教学管理中非常重要。首先是教学管理的目标。课堂教学管理的主要目标在于确保教学进程顺利完成，促进学生知识、技能和人格的全面提升。同时，通过维护课堂秩序，实现直接目标，进而达到终极目标，即教育目标或教学目标。其次是对课堂教学秩序产生影响的因素。在课堂上，对教学秩序产生影响的因素可以归纳为教师方面、学生方面和环境方面的因素。只有合理地调节好这些因素及其相互关系，才能顺利开展教学活动，提高教学质量，进而达成教学目标。最后是课堂教学管理理念，教师应该把课堂教学重点放在激励与鼓励学生上，帮助他们逐渐从被动受控转向主动自律，这样才能更好地促进学生的成长。同时，教师不应把管理作为控制学生行为的手段。

微观层面的课堂教学管理是指在课堂中教师和学生共同控制、协调、整合、优化各种具体的教学因素及相关因素之间的关系，以形成有序的整体，从而实现教学目标，达到更好的教学效果。首先，从教学管理的内容上来看，课堂教学管理可分为三个方面，分别是课堂纪律管理、教学进度管理、课堂文化心理建构管理。课堂纪律管理的核心在于采取合理的方法解决常规或偶发的问题，以确保教学进展并创造一个有效的教学环境；教学进度管理是指教师在教学过程中管理教学时间、节奏、空间、进度等方面，具体来说是指教师在课堂上把握学生自身的特点，采取因材施教策略，及时反馈教学效果并进行教学诊断等；实施课堂文化心理建构管理是为了保证上述两种课堂教学管理能够顺利进行，课堂文化心理建构通过塑造良好的教学传统和文化，旨在为学生提供正面的教育影响。其次，从教学管理的实践角度来看，课堂教学管理涵盖两个方面，分别是对教师教学的管理和对学生学习的管理。对教师教学的管理包括落实教师职责、引导教师展现良好的教学态度、提高教学技巧和教学效果，并在课堂教学中对教师的行为进行适当规范。在学生学习的管理上，为了有效地组织和协调教学过程，优化课堂教学常规环节，需要考虑学生的个体特点、学科要求以及课堂环境因素。同时，要能做到控制偶发的课堂行为和问题，对课堂教学时间和空间进行合理的安排，以促进学生在课堂中获得知识、体验情感和形成价值观。

总的来说，课堂教学管理是在师生共同参与的情况下，通过相互交流，有目的、有计划地通过多方协调的方式来实现教学目标的活动。在课堂教学管理中，教师和学生一起合作，发掘、利用和协调各方面的教学资源，创造良好的教学环境和氛围，顺利开展课堂教学活动并充分实现教学价值。

三、高校教学管理的特点

（一）规范化

1. 进一步完善教学管理体系

高校教学管理体系是一个完整的有机统一体，高校教学管理体系的操作中心是教务处，具体的运行对象是二级学院或系部，在校长和校党委的领导下，经过统一的安排，有序进行各种教育教学活动，完成规定的教学任务。教学工作的有效开展需要一个健全的教学管理体系。目前高校教学管理存在的问题是，决策权主要集中在学校一级，导致院系一级缺乏活力。这使得校、院两级管理的职责和权力不协调，职责划分不明确。因此，需要进一步完善教学管理体系，确立具备明确职务和相应行政权限的组织架构，以此来保障和提高教学管理效能。在完善管理体系的过程中，需要贯彻"以教学服务为本""以学生为本"的基本指导思想，确保教学管理具有灵活性，这意味着要给予二级院系部门相应的权力，使他们成为教学管理的核心，在这一过程中应以服务和支持教学为特征，构建全新的教学管理体系。

2. 落实教学管理规章制度

为切实做好教学管理工作，需要制定完善的教学管理规章制度。在推行教学管理规章制度时，需要注意的是：第一，教学管理工作的根本在于各种教学文件，这些文件一旦形成，就必须严格认真地执行。第二，教学管理工作的关键在于有效地执行教学管理规章制度。比如，教学计划是学校为规范人才培养工作和保证教学质量而编制的重要文件，具有很强的指导性和约束性。因此，在教学实践中，必须认真执行，不可擅自更改。在教学管理中，需要明确各类工作人员所承担的职责，制定完善的岗位责任制度，以确保和推动教学质量的提高。严格遵循教学管理规章制度，是确保教学管理"有章可依，有法必依"的具体体现。只有恪守教学管理规章制度规定，才能真正做到规范化管理。

3. 运行有效的质量监控和评价体系

首要的任务是确立有效的教学督导机制。教学督导机制不仅仅是监督，而且包含了指导的作用。教学督导小组应全面监督、检查教学过程，及时发现问题并给出反馈和解决方案。同时，教学督导小组也会引导教师和教学参与者改进教学方法，从而提升高校教学质量。教学督导的成果还可以为教学评价提供权威、实证的资料和依据。此外，还需要找到科学的评价方法，制定合理的评价体系，在评价教学水平时，做到公开、公平、公正。

（二）科学化

1. 采用目标管理

高校教学管理可以有效地运用目标管理这一现代管理方法，以提高管理效果。在教学管理中应用目标管理可分为三个阶段。

首先，可以采用共同探讨、群策群力、协作讨论等方式，制定出切实可行的教学目标。在量化教学目标的过程中，要遵循以人为本的原则，确保教育工作的实施者清楚自己的职责，并尽心尽力去完成，同时不会影响教师在教学过程中的积极性，充分发挥他们的才智与能力。其次，将工作目标量化后交给执行者，让他们自行管理，这样做能尊重他们的意愿和充分发挥他们的能力，从而有效实现教学目标。最后，需根据教学目标进行科学、客观、公正的评价，并总结归纳评价结果，从中发现制定和实施目标时的不足之处，并在接下来的管理工作中加以改进。

2. 利用计算机等信息化技术

随着时代的发展，高校规模在不断扩大，教学管理搜集的数据也越来越多。

传统的人工处理和分析方式已无法满足高校教学管理的需求。因此，借助现代管理工具、分析软件等辅助手段，对海量信息进行科学分析和处理，为未来的决策提供可靠的数据支持已成为必要之举。

（三）精细化

1. 坚持"以人为本"

高校教育归根结底是一种培养人的教育。高校教育"输出"的是个性独特、思维多样的个体，与企业流程生产的标准化产品有着巨大的区别。高校教育"产品"的特殊性决定了高校教学管理必须把人放在首位，也就是高校教学管理必须以服务教师和学生为工作重心。高校管理具有独特的特点，如相对松散的管理和较大的自由度。因此，在进行教学管理时，既要坚持原则，也要充分考虑实际情况。例如，在规划课程安排、设定考试时间、进行课评反馈等管理工作时，需要充分考虑教师的个体差异，包括年龄、性别和具体境遇等因素，做出合理的安排。既要确保完成管理工作，也要关注和解决教师实际面临的问题，进而形成良好的管理氛围。这种管理方式强调关注细节和考虑工作人员的感受，是一种"以人为本"的精细化管理。

2. 禁止简单抄袭

在精细化管理过程中，教学实施者的行为受到具体规章、制度的约束，管理责任的落实也得以强化。然而要谨记，过分追求细节和死板的管理方式可能会产生负面影响，导致管理目标难以实现，甚至违背管理初衷。因此，高校应该避免过度烦琐的精细化管理，避免为了追求完美而盲目地将问题复杂化，巨细无遗的做法也需要审慎考虑。高校是一个综合性学习场所，各学科之间的交叉与融合是其内在特点之一，同时高校内部还存在着明显的差异性。对于教师的科研工作来说，其涉及不同领域和方法，有文科和理科之分、动静之分、社会调查和室内实验之分等。如果过分强调刚性的管理制度，忽略不同学科之间的差异，所有教师的工作都用同一标准来考核，那么这种方法本身就不科学。因此，精细化管理不是简单的数量管理，而是要综合考虑实际情况，明确每个工作岗位的具体职责，以提高管理的有效性。

第二节 高校教学管理的机制

一、高校教学管理机制的内涵

抽象来说，高校教学管理机制是教学系统内各要素相互协调、相互作用的关系。教学管理机制抽象地总结了教学运行过程属性。教学管理机制的核心内容是人际关系。在具体场景中，我们把教学管理机制定义为：为约束、规范教学组织系统内个人和群体行为而进行的制度安排。在教学组织系统中，涉及的个体有教师、学生、教学管理者以及其他与教学密切相关的人员，尤其是教师和教学管理者，而这些个体的集合就是课堂教学机制中的群体，如教师群体、学生群体、教学管理群体。

教学管理机制研究的重点是找到一个制度安排方案，能够激发所有教学系统内部成员的热情和积极性，并减少一切妨碍实现教学目标的行为。组织系统内部的各成员之间相互作用影响着彼此的行为。尽管某种制度安排表面上看起来是好的，但由于涉及组织系统内其他成员的利益，实际上它的运作可能导致负面结果。因此，制度的核心在于妥善处理系统内部成员之间的各种关系，从实现教学目标的角度出发，努力让每个成员（无论是教学管理者还是教师）都能够全身心地投入教学工作并感到愉悦。在研究这个问题时，需要探究教学管理的制度和规定，在此基础上，研究教学管理过程中涉及的非制度化因素，如人际关系和关系网络，因为这些因素也会对教学管理产生影响。

二、高校教学管理机制的理论基础

（一）信息不对称理论

信息不对称是设计高校教学管理机制的基础之一。管理和工作过程中需要考虑非对称性信息的存在，因此需要设计相应的机制。信息不对称是相对于信息对称而言的。信息对称是指在教学管理和被管理过程中，管理者和被管理者之间存在相互对应的关系，互相了解对方所具备的信息和所处的环境。在教学管理中，信息完全对称是最理想的状态，但通常情况下，几乎没有任何管理组织能够实现完全的信息对称。许多管理情境从表面上看处于信息对称状态，但实际上这是不真实的。如从教师的教案呈现内容来看，给人的印象是教师和教学管理者的信息量相同。然而，通常在教学管理者看来，有关这个教案的其他相关情况实际上并不明确。例如：新教案是否为全新设计，或者是对旧教案的改良；是否抄袭其他教案或教科书，或是教师独立研究得出的结果等。因此，表面上呈现的信息对称常常隐藏着许多并不对称的信息，然而实际上信息是不对称的。

在高校教学管理中，信息不对称是事实，即使采取了各种方法，它仍然存在。即使教学管理者身处教学现场，也不一定具备与教师对等的信息。具体来说，这主要表现在以下几个方面。第一，任何身处现场的听课教师只能获取到他们有意识关注的特定信息，而非所有信息。第二，听课教师仅能观察到授课教师在课堂上所显露出的信息，而无法了解未被展现的信息。例如，听课教师无法了解授课教师内心的真实感受和授课教师在他人面前刻意表现的情况。第三，听课教师仅通过四十五分钟的片段课堂教学无法全面了解授课教师的教学态度和教学水平。教学管理者不能仅凭授课教师某堂课的表现，来推断该授课教师真实的教学水平。如果有一套可行的机制，可以在教师接受教学任务后立即生效，迫使教师不得不全力以赴地教学，则那些形式上的教学监管等活动就可以停止了。事实上，高等教育的专业化水平提高了，这也让参与教学监督的专家更难以掌握其他学科的教学内容。

（二）委托代理理论

在委托代理理论中，一个委托代理模型的结构包含如下三个要素：委托人的期望函数、代理人的参与约束和代理人的激励相容约束。学校教师和管理者是代理人，学校举办者是委托人。事实上，这里牵涉多个代理关系。政府是学校举办者，自然也就是委托人，而校长是学校的管理者，所以也就是代理人。对于高校的管理而言，需要考虑多重机制设计问题。从本理论的角度来看，学校教学的管理者是委托人，教师是代理人，核心的代理关系是他们两者之间的委托代理关系，教学管理者需要设立有效的管理机制，以确保教学过程中任何违规行为都能得到处理。学校管理机制要从根源上解决管理和教学过程中出现的道德风险问题。事实上，不只是教师会面临违规风险，各级教学管理者也有可能遇到同样的问题。

在进行教学管理时，委托人需要通过制度安排来确保教师在参与教学工作方面有自主选择的权利。高校教师需要履行三项重要的职责，包括教学、进行科学研究以及为社会提供服务。高校教学管理机制应具备激励性，使得大部分教师愿意选择教学工作。一个有效的机制可以平衡和兼顾教师在教学、科研和服务社会这三个方面的职责，而不是只限于其中的某一个方面。如果大多数教师更倾向于做出单一的选择，那么这可能意味着这个机制存在一些问题。另一个方面是确保教师将教学作为最优选择，并尽可能地投入更多的精力和时间进行教学工作。如果大多数教师没有全身心地投入教学，那么可以反映出机制本身出现了问题。

在学校管理方面，管理者和教师都被激励与约束着。当教师决定离开当前学校，转而去其他学校工作时；当教师宁愿选择报酬更低的工作也不从事教学时；当每个教师都只顾教学而不顾教研时，这说明教学管理机制可能出现了问题。同样来说，当一位年轻的管理者退出管理团队时，这意味着目前的管理激励方案对于管理团队来说不能满足其激励参与条件。年轻管理者离开的原因可能是他为工作投入了太多精力，却没有得到相应的回报。如果管理者没有尽全力来完成管理工作，那么很可能是因为他们缺乏工作动力，因为对他们来说努力工作和消极工作之间并没有太大的区别。

（三）管理博弈理论

博弈是指个体、团队或其他组织在特定环境条件下，按照规则和策略做出选择并实施，以获得相应的结果。这个过程可能包括一次或多次决策，同时也可能涉及多个参与者。这个定义涵盖了博弈的参与者、可供主要参与者选择的所有策略或行为的集合、博弈进行的次序或规则，以及博弈带来的结果和益处。博弈论假定博弈方具备足够的理性和能力，以合理的方式进行策略选择，从而达到理想的博弈结果。博弈中，重要的信息之一是有关每个参与者在每种结果（策略组合）下的获益情况。这些信息包括参与者自身的获益情况，以及其他参与者在不同策略组合下的获益情况。其次考虑博弈过程中的信息，即参与者在采取行动前是否能够获知其他参与者的所有动作。如果在博弈开始时，博弈方对对方的策略、利益和可能的结果有详尽的了解，那么这个博弈方就具有"完全信息"。当博弈方没有完全了解之前所有的博弈过程时，我们称该博弈方具有"不完全信息"。在动态博弈中，博弈方是否掌握全面的信息将对他们的决策、行为和博弈结果产生深远的影响。

"上有政策，下有对策"[①]，这句话传达了一种典型的博弈态势。教学管理系统中，教学管理者和被管理者可以看作是互为博弈方。换句话说，一方在编制策略时会充分考虑对方可能采取的策略。经过多次重复后，双方可能会形成某些选择方面的平衡状态。在达成平衡的情况下，博弈双方几乎都能接受任何策略。当原有的平衡状态被打破时，就会引发新的博弈。

一个有趣的现象是教学管理者与被管理者之间的相互指责。例如，当有的高校为了迎接专业教学评估而提出的部分要求无法实现时，教学管理者会对有问题的教师进行指责，而教师也会以要求过于苛刻和烦琐来指责教学管理层。指责意味着认为他人在造成当前这种局面上负有一定的责任，这反映了一种对待问题的态度。教学管理者指责教师的原因是他们没有意识到教师是博弈的参与方，而是将教师视为被管理的对象。这种忽视教师的主体性和参与性的态度，是导致管理和教学实际效果不佳的主要原因之一。

在设计教学管理机制时，假如从博弈论角度考虑，应注意被管理者（教师）作为博弈方可能会采取的应对策略。理性的有限性表明，无论什么样的制度安排，都不可能考虑到所有被管理者的潜在对策，它总是存在可以被利用的漏洞。一个理性的行为者通常会利用他所发现的制度可能有的"漏洞"，使自身的利益最大化，同时尽可能降低组织的利益损失。

三、高校教学管理机制解决的核心问题

在教学管理机制中，需要处理的问题是提升教师素养和更新教育观念。从本质上看，高校教学管理机制要解决的核心问题就是激励和约束高校教师和教学管理者的行为。

（一）高校教学工作的有序运行问题

高校教学工作的有效开展，是提高高校教学质量的根本保证。一切教学活动都是一个动态的过程，并在不断地发展。教学工作的各种状况直接影响着高校的

---

① 成立. 公共政策分析 [M]. 成都：西南财经大学出版社，2017.

教学质量。要提高高校教学质量，就必须保证高校教学工作正常运行，使高校教学的整体运行工作符合高校教育的规律。为保证高校教学工作的顺利进行，必须建立一套行之有效的教学管理机制。它体现了高校教育的基本规律，也是教学目标得以实现的必然途径。目前，我国大学的教学管理体制还存在着许多亟待解决的问题，其中主要包括确定教学工作的方向、做出关键教学决策，以及合理分配教学任务。

确定教学工作方向的核心是协调高校教学组织系统中个体目标与教学组织目标之间的矛盾，促使全体教职员工努力，实现学校的教学组织目标。人的行为都是有一定目的的，都是为了达成特定的预期结果。所谓的行为目标，其实就是行为的预期结果。高校教学管理应该确保个体的目标服务于教学管理目标。在教学工作中，需要确定一个决策机制，以便在实现教学组织目标的过程中对教学方法和手段做出必要的选择。高校教学决策的核心问题包括教师的选拔、教学计划的制订以及教学管理制度的创新等方面。采用不同的决策机制会产生不同的效果。通过建立科学的教学决策机制，高校教学管理者可以选用更有效的方法和手段去达成管理目标。同时，高校也需要对教学任务进行日常分配和管理。选择不同的任务分配方式会对教师自身的利益及高校教学目标的实现产生影响。对于非营利性高校教学管理组织而言，需要在任务分配机制中选择一种有益于高校教学管理的机制，以解决任务分配问题。

（二）高校教职员工的行为动力问题

在管理学的演变过程中，管理实践者和管理学家逐渐认识到人的重要性，进而激励的内涵也越来越丰富。激励旨在激发人们的工作热情，提高工作效率，解决被管理者工作动力、积极性不高和创新能力不足的问题，从而激发其潜能，实现自我提升。就内涵而言，人们已经意识到，无论怎样定义激励，其实质都是激发人们以特定方式行事的过程。站在激发主体的角度来思考，管理者对人某种行为的激发可称为激励，同行或同事对人某种行为的激发可称为竞争，因此在教学管理中，可以将动力机制分为激励机制和竞争机制。

四、高校教学管理机制设计的主要内容

（一）高校教学管理的运行机制

高校教学管理的运行机制主要包括教学任务分配机制、教学决策机制、教学管理目标机制。教学管理目标机制的主要任务是协调统一学校教育系统中个体与个体之间、教学组织与个体之间、教学组织系统之间的教学目标和管理目标。制定明确的、可达的目标，不仅能激发个体的积极性，还能降低管理成本，使教学管理的质量和效率得到显著提高。对教学目标进行整合，能够有效地提升教学管理的效能，并为教学工作的顺利开展创造必要的条件。在明确了教学与教学管理的目标之后，教学管理人员就要思考怎样才能实现这个目标，其中涉及手段、途径、方法。在实际的教学管理中，有多种不同的方式和途径可以实现所设定的目标。为了实现目标，需要仔细权衡各种情况，并选择最合适的方法，将管理理念变为可行的行动计划。然而传统高校教学管理并没有充分重视这个问题。在研究高校教学管理理论时，通常会假定目标是一致的，然后制定相应的理论框架和管理模式。人们的教育价值观和管理理念支配着教学目标和教学管理目标的制定，在一定程度上，教学目标和教学管理目标的制定也受到利益因素的影响。不同的教育价值观和教学管理理念会产生不同的教学管理目标。教育价值观和教学管理理念的差异是客观存在的事实，并非人们的虚构或幻想。为了实现统一的学校教学目标，我们需要共同努力形成一致的教育价值观和教学管理理念。

（二）高校教学管理的激励机制

教学管理激励机制主要关注如何激发教学系统中个体在教学工作和管理工作中的积极性。根据激发的主体不同，教学激励机制可分为激励机制和竞争机制。

一般来说，教师和教学管理人员是有限的理性人，而不是完美无缺的道德人。因此，为了激发教师和教学管理者的工作动力，高校管理者需要充分了解他们的需求，并采取措施满足他们的需求。由于高校教学具有独特的特点，因此高校教学管理在应用管理激励理论时会有一定的局限性。高校教学管理的激励策略及其实际效果受到多种因素的影响，包括教学过程、激励对象、教学组织特征、制度

安排等。最后，应对高校教学管理中与教师聘任制、分配制度以及课程与教学创新相关的激励机制进行探讨，旨在为教学激励实践提供有益建议。

（三）高校教学管理的约束机制

教学管理的约束机制旨在研究和解决如何防止和纠正工作过程中个人和组织行为可能出现的道德风险和偏离目标组织行为的问题。高等教育规模越来越大，教学质量的监管问题也受到更多人的关注和重视，其中不仅包括高等教育理论研究者，还有许多高等教育从业者。在一个小型的教学系统中，可以采用传统方法和手段来监控教学质量，但在一个规模庞大的教学系统中，教学质量的监控就难以靠传统的监控方法来实现。同样，对教学工作的制约也是如此。高校教学工作受到外部因素和内部因素的双重制约，外部因素包括国家高等教育的法律法规与政策，内部因素包括学校内部的规章制度。社会人士和学生都在不同程度上制约和监督着教育工作者，促使其不断提高教育水平。如何协调并整合各种制约因素，以共同提高高校教育质量，是教学管理约束机制必须面对的挑战。

第三节　高校教学管理的任务与意义

一、高校教学管理的任务

任何管理都有自己特定的任务，高校教学管理的主要任务如下所述。

（一）确保教学的正确方向

学校的核心使命是全面执行党和国家的教育政策，以全面提升教育质量为主要任务。教学管理人员应当组织全体教职员工认真学习、理解国家针对教育所制定的方针和相关部门制定的与教育有关的法规及政策。教育者应该遵循学校的教学计划，向学生传授科学文化知识和培养基本技能，并帮助其发展个性和身体素质。此外，教育者还应培养学生的思想道德品质，帮助学生建立正确的世界观，确保教学的正确方向，使所有学生都能够获得发展和提高。

（二）保证教学活动的有序进行

制定并完善教学规章制度，防止外界干扰学校正常的教学秩序，确保教学秩序稳定。加强教学管理改革，建立合理的教学工作模式，指导并协助教师形成正确的教育理念和教学质量意识，设置科学的教学质量评估制度，形成促进学校教学工作持续发展的激励机制。持续改进和更新教学设施，以满足教学需求。

（三）加强教学科研工作

努力提升教学效率，并致力于开展教改实验和教学研究，鼓励、支持教师创新教学内容，帮助他们进行科学研究，改变教学方法，尝试采用新的教学手段和技术等。通过教师培训，增强教师的专业素养和技能，归纳和推广成功的教育研究成果，推动教学工作向科学化、现代化方向发展，进一步提升教学效率和质量。

二、高校教学管理的意义

教学活动是有计划、有目的地培养人的活动。教学是学校的核心使命，也是教育学生的基本途径。在学校管理中，教学管理是重点，也是学校领导者必须要进行的基本工作。教学管理不仅是保证学校教学工作正常运行的基石，还影响着教育改革和教师成长等多个方面。特别是对于高校而言，教学管理的意义更为重要，其具体体现在以下几个方面。

（一）是学校教学正常运行的基础

在现代学校中，教学活动是在许多教学管理活动的基础上进行的。安排教学场所、提供教学设施、组织教学人员、安排学生班级和课表，是不可或缺的教学要素，也是教学管理的核心内容。若没有教学管理，教学秩序便会受到影响，从而会破坏教学工作的正常进行。

（二）有助于带动其他各项工作的开展

在学校的各项工作中，教学工作显得尤为重要。若教学工作组织得当并协调一致，则可建立稳定、规范的教学秩序，并推动其他工作顺利开展。反之，若学校核心工作经常变动，对教学管理有时松懈有时严格，那么学校的正常教学秩序将难以保证，教学和其他工作都将变得艰难。

（三）能够促进教师不断发展提高

教师的专业素质和教学水平主要通过加强教学实践和提升教学技能来提高。在学校中，教师主要从事教学工作。通过科学、合理的教学管理，教师能够获得有益的锻炼，提高自己的专业素质和教学水平，从而更好地完成教学任务。

（四）是提高教学质量的有效途径

首先，教师的教学技巧和专业素养会直接影响教学质量。只有强化教学管理，提高教师的教学技能和专业素养，才能取得显著的教学成果。其次，学校教学质量的优劣不仅取决于教师个人素质，还取决于整个教师团队所发挥的力量。只有对每位教师进行合理的搭配，才能使他们的能力得到最大限度的展现。因此，教学管理中的一个重要方面是对教学人员排列和组合的管理。最后，采用教学管理手段宣传科学的教学方法和成功的教学经验，有助于推动教学质量的提升。

（五）直接影响着学生的质量和育人目标的实现

教学过程不仅是一个简单地传授知识的单向过程，而且是一个由教师引导学生德、智、体、美、劳等全面发展的过程。有效的教学管理能够帮助教师更全面地理解教学任务，合理平衡教学和学习之间的关系，从而实现培养人才的目标等。

教学管理工作不仅要求管理人员具备组织协调能力，还要求其具备领导思想，在教学领域实现改革和创新。由于教学管理在学校工作中具有重要的作用，因此学校领导必须高度重视教学管理工作，将教学管理作为学校管理的核心内容，持续加强教学管理，使其跟上时代的步伐。

第二章　高校教学管理的内容与体系

教学管理是高校管理工作的重要组成部分，了解高校教学管理的内容与体系可以帮助我们更好地促进高校教学的发展，保障学生的学习质量。本章的主要内容为高校教学管理的内容与体系，分别从高校教学计划与运行管理、高校教学质量管理和高校教学管理制度体系三个方面进行了介绍。

第一节　高校教学计划与运行管理

一、教学计划管理

教学计划是为了达到培养目标和规范培养过程而制订的计划，它包括基本规格、人才培养目标、培养过程和方式等方面的总体设计和实施方案，即专业培养计划。学校教育的方向、总体结构、教学内容都是依据教学计划来确定的，教学计划能够确保学校教育目标的顺利实现，教学任务的安排、教学过程的管理以及教学编制的确定都要依据教学计划来完成。此外，教学计划还是学校保证教学质量的重要文件。在教学管理中，教学计划管理至关重要，它是教学管理的核心内容和主体。教学计划管理主要包括两个部分，分别是教学计划的制订，教学计划的实施与检查监督。

（一）教学计划的制订

课程是根据教育目标所设定的学习任务和计划，为学生提供一系列学习机会。课程的概念强调：课程具有目的性，它不是自然而然产生的，而是经过精心设计和安排的；课程是有组织的体系，它有特定的条理性，不是杂乱无章的。

课程不仅包括学科体系，还涵盖了其他旨在进行教育和教学的活动体系。在现代高等教育中，课程体系的构建因所处环境、社会条件和教育理念的不同而形成多种多样的课程系统。尽管课程系统形式各异，但编排和执行这些课程系统的过程都需要遵循一定的规则和流程。这意味着必须将观念和思想具体化，通过一系列步骤和过程最终形成理想的课程结构，课程论中的术语"课程编制"就是指这一系列的步骤和过程。课程编制的核心工作是教学计划设计和课程规划。要顺利完成课程编制工作，既要具备创造性又要有理性思维，在教学计划管理中，课程编制是理论性极强的一项工作，属于教学计划管理中教高层次的工作。

1. 教学计划的修订

教学计划的修订需要考虑人才培养和成长的客观规律，也就是要遵循一定的规则或原则来进行修订。这些规则或原则的编制需要建立在深厚的教育理论基础之上，还需要借鉴先进的研究成果。修订教学计划的基本原则包括：德、智、体、美、劳全面发展原则，体、智、能和谐发展和全面提高的原则，整体优化的原则，遵循教育规律的原则，因材施教的原则。

高校需要结合以下两种模式修订教学计划。

（1）经验演进模式。这种模式通常建立在长期实践和教育规律的基础上，借鉴并继承已有经验，在不改变原有教学计划基本框架的前提下，做出一些改进、补充或适当调整的做法。

（2）科学设计模式。这种模式的应用通常发生在改革氛围浓厚、环境条件复杂的情况下，目的是重新设计课程结构，以摒弃旧有模式，建立新的教育模式。它的理论基础在于强调使用理性思维。

尽管两种模式都有各自的优点或缺点，但实际应用时它们通常相互融合、相辅相成，因此在课程编制中应明确它们相互融合的重要性。

一般而言，对教学计划进行修订通常包含以下四个步骤。

①明确表述目标和人才培养目标。

②对课程内容进行组织和选择，以便促进课程结构体系的形成。

③实施教学计划。以实验的形式实施已经编制好的教学计划，将人们融于教学计划之中的教学思想和理念通过实施教学计划展现出来。

④组织教学计划评价活动。目的是借助教学计划的实施对课程目标的实现情况进行检验。

这四个步骤的内容也会随着社会和科学技术的发展而不断调整。

在循环往复的过程中,这四个步骤会相互交织,每个步骤都可以在实践中作为起点或者突破口。

2.培养目标的确定

高等院校专业培养目标可以细分为更具体的目标,形成一个有效的"目标体系"。明确各专业的课程体系、教学计划需要先确定专业的培养目标,因此各专业的教学计划和课程体系都是根据专业培养目标来设计的。为了确定专业培养目标,需要在特定的教育理论和基本原则的指导下,依次考虑以下内容。

(1)明确修订者。教学计划和培养目标的修订属于一种组织行为,学校及系(院)应成立修订小组,组织学术水平高超和经验丰富的专家修订教学计划,经过调查和研究后再修订,在修订过程中要广泛调查和征求相关人员的意见。教学计划修订完成后,交由教学工作委员会审核裁定。某些院校将教学计划修订工作交由教研室全部承担,这一做法存在很大的弊端。

(2)科学确定培养目标。务必要依据政府制定的教育方针来确定专业培养目标,以教育部提出的各科类、层次培养目标为依据,确定符合学校实际情况的、符合我国国情的专业培养目标,科学的培养目标要求发展学生的德、智、体、美、劳综合素质,这也从侧面反映出不同学校、不同层次的特色。

(3)编制内容具体的培养目标。专业培养目标的主要培养内容体现在三个方面。

①培养方向。旨在通过课程和教学培养人才,使他们能够在未来从事定向的职业,包括但不限于医生、护士、金融分析师、工程师、教师、律师、作家等。

②使用规格。指同一专业中不同人才在未来的使用规格上存在差异。举例来说,工科领域的专业人才可被划分为三种不同的规格,包括工程管理人才、工程技术人才、科学技术人才。但某些专业人才可以被归类为两种规格,分别是理论型和实践型。

③规范和要求。这指的是对属于同一个培养方向、同一种使用规格的人才在德、智、体、美、劳综合素质上的具体要求,它是培养目标中最重要、最基本的内容。

专业培养目标是用来描述该专业所培养的人才应该具备的基本素质和能力,

它只能为课程编制或修订教学计划提供一个初步的指导方向。因此，为了确保专业培养目标能够切实直接地指导教学计划的修订、课程体系的编制，有必要进一步明确专业培养目标的具体要求。

学校的学科、职能、层次和办学水平都体现在专业培养目标中。它不仅能反映学校对高等教育目标和国家教育方针的理解和落实情况，而且还能展现学校的办学特色和教学水平。因此，在制订教学计划管理方案时，应该优先考虑这一点。

3. 制订教学计划的基本原则

第一次全国普通高等学校教学工作会议提出了关于普通高等学校制（修）订本科教学计划指导性的基本原则[①]。

（1）教学计划的修订要以党的思想为指导，全面体现"教育要面向现代化，面向世界，面向未来"的时代精神，坚定不移地贯彻落实党的教育方针。要努力吸取近几年来，特别是"高等教育面向 21 世纪教学内容和课程体系改革计划"实施以来，高等教育已经在教学内容和课程设置、教育理念、教学方法和手段等改革方面取得了重大的进步和经验。我们应该将这些成果及时应用于教学过程和人才培养模式中，并积极借鉴国际上成功的经验和管理模式。根据相关法律法规和教育部要求的人才培养目标，进行积极、科学和谨慎的探索。

（2）修订教学计划时应依据能力、知识、素质共同提高和综合发展的原则，遵循教育教学的基本规律，以促进学生德、智、体、美、劳的全面发展。修订教学计划时既要处理好理论与实际之间的关系，也要把握好业务与思想、健康与学习等方面的关系。将学生培养成有德行、有修养、有思想的人才，提高学生的社会责任感，激发学生的爱国情怀。同时，也要确保他们具备实践能力和理论基础，能够应对各种工作挑战。此外，还应注重培养学生健全的心理素质和良好的身体素质。除注重传授知识外，还应着力提高学生的综合素质，为此应大力培养学生在获取知识、提出问题、分析问题和解决问题方面的能力。要注重拓展基础教育的内涵，改变本科教育内容单一的趋势，强化基础知识、理论和技能的教学，培养学生的基本素质，尤其是在人文社会科学和自然科学方面。除此之外，还应采用各种方式加强对高等院校学生的文化素质教育，以使他们具备适应终身教育和

---

① 教育部高等教育司.深化教学改革 培养适应21世纪需要的高质量人才：第一次全国普通高等学校教学工作会议文件和资料汇编[M].北京：高等教育出版社，1998.

社会发展变化需求的知识、能力和基本素质。

（3）在修订教学计划时，要坚持"整体优化"的原则，对教学计划中的各个环节进行科学协调。对于整体优化的本科专业教学计划的设计，首先要考虑的是如何平衡好专科、本科和研究生之间的关系，并且要对本科教育的培养目标进行清晰的界定，还要确保各个层次之间的知识能够有效地衔接起来。其次要以培养目标为基础，加强学科间的整合，构建紧密衔接、相互贯通、有机融合的学科体系。为了避免存在分割过细、简单拼凑和陈旧的课程内容，需要对其进行改革，以避免出现"因人设课"和"因无人而不设课"的情况。在同一领域内，不同专业之间对基础课的需求不同，因此在教学内容、课程体系等方面应加强对基础课的整合与协调。要协调好理论课与实践课之间的关系，保证两者的互补性。要坚持理论联系实际，明确实践的目的，将教学、科研和社会实践有机地结合起来，从而丰富实践教学的内容，拓展实践教学的方式和方法。最后要平衡好课外指导和课内教学的关系。为了减少课内学时，增加课外指导的时间，可以对教学方式进行改进、对课程结构进行优化、引入现代化教学技术手段，为学生留出时间和空间去独立思考、自主学习，让校内和校外、课内和课外的教育活动有机地结合起来。

（4）在修订教学计划时，要坚持统一性和多样性的原则，既要保证人才培养的质量，又要注重办学特色和办学水平。国家对高等教育目标的要求体现了教学计划的统一性，国家对高等教育人才培养质量的总体要求反映出教学计划的统一性；高等教育的人才培养方式和专业培养目标反映了教学计划的多样性，各个学校的办学特色也体现出教学计划的多样性。为了满足社会对多样化人才的需求，高等学校要"解放思想，实事求是"，对其所设专业在当今社会发展和经济建设中发挥的作用进行深入研究，在确定所设专业的人才培养目标时，既要考虑各专业的师资力量、生源质量、办学条件等问题，也要综合考虑当地的经济发展情况和当地的规划前景，结合专业的生源质量和师资水平等具体因素，科学编制各专业的培养目标，力求在教学计划中凸显各自的办学特色和优势，避免出现"千校一面"的教学计划。采取一系列措施来改变学生的知识和能力结构，以消除"千人一面"的情况，设置更多的选修课种类供学生自主选择，同时放开专业和专业方向的选择权，以实现因材施教的目标。高校要为广大学生群体提供多样化的教育形式和自主选择的机会。此外，还需要不断改进教学环节，并将其融入教学全过程，为培养学生创新思维和能力提供更好的条件。按照这一指导原则，系（院）在修订教学计划时，需要提供修订教学计划的依据，即由教务处提出的"学校修订教学计划的原则规定"，这是经学校主管领导批准的正式文件。

学校修订教学计划的原则应参考国内外高校的经验，考虑教学工作和改革发展的全局，关注本学科门类的科技前沿研究动态，遵循现代教育管理原则和教育思想理念，响应国家教育方针，落实教育部出台的学科门类修订教学计划原则和要求，同时结合本校教学特点和学科优势，制订适合本校的教学计划编制指南。其可以被视作一份针对各专业人才培养而设计的指导手册，是既有理论创新又有实践指导价值的顶层设计。

"学校修订教学计划的原则规定"还可以是一份有效的宣传文件，它可以固化各级文件、思想、精神，将各种思想理念详细地传达给教师，使其理解得更透彻，并以此制订出更完善、更符合总体设计要求的教学计划，这样的教学计划会更具突破性，具有重大的改革意义，教学计划的实施和执行过程也会更加顺畅。

4.课程内容的选择与组织

选择课程内容需要遵循一定的原则，并非随意进行。选择课程内容常用的原则包括：适时原则，即紧随时代发展步伐，避免选择过时内容（避免学科范式和具体知识过时）；完整原则，保证课程内容的内在逻辑结构的完整性，确保基本原则、原理和知识之间的逻辑连贯；经济原则，在追求相同目标的过程中，应该优先选择负担轻、课时短、引发学生兴趣的课程内容；满足原则，能够让学生在学习中获得愉悦感和成就感，激发学生的学习动力。

在组织课程内容时，通常需要"纵向结构"和"横向结构"关联，考虑课程要素之间的相互作用。

"纵向结构"指的是课程要素的时间关联。时间关联需要考虑两个原则。一是需要遵循"连贯性原则"，确保学习活动的持续性，使学生能够不断地获取、积累知识和技能，达到学习目的。二是"程序性原则"，这意味着要平衡好学习内容的先后顺序，并确立明晰的指导方针。在当前的教学改革中，包括我国在内的许多国家的高校，在编制教学计划时，对课程内容的纵向安排尝试创新实验，打破了惯常的安排顺序，取得了新的实践经验。

"横向结构"是指课程要素之间在空间上的关联关系,体现在以下三个方面。

(1)不同学科之间相互关联,现代高校教学改革倡导跨学科交流、文理工融合,这实质上反映出学科综合化趋势,目的是将学科之间的"统合"关系处理好(指为达到一定目标而使课程要素之间在横向上产生相互作用和联系的做法)。

(2)学科与社会之间的关联关系,即借助以社会问题为基础的课程组织形式,达到建立完全的课程结构的横向联系的目的,如许多高校在进行教育改革时,注重理论与实践相互结合的改革措施。

(3)学科与学生之间的关联关系,处理好过程与内容的关系(重视培养学生掌握科学探索的基本方法和获取知识的过程),处理好知识的传授和能力的培养之间的关系(选择经过理论论证并得到实践检验的以能力为本位的课程,融入课程结构之中)。

上述三种关联关系中,以学科和社会发展的实际问题为主要联结点。实现学科、社会和学生三方面的协调,以及考虑纵向结构中各因素的影响,就有可能形成一个优秀的课程组织结构教学计划,从而显著提高教育的质量。在制订或审查教学计划时,需要检查其基本结构是否包含以下五个主要部分。

(1)专业培养目标、基本要求与专业方向。

(2)学制与修业年限。

(3)课程设置(课程结构和主要教学环节)。

(4)教学进程总体安排(又称学年编制或学历)。

(5)必要的说明。

5. 教学计划的实施及整体评价

教学计划是根据培养目标制订的预期课程,需要在教学实践中实施,才能检验计划的科学性和可行性。教学计划可以通过两种方式实施:第一种是先在小规模范围内进行试验性实施,检验计划的可行性和有效性;第二种是在试验成功的基础上,对教学计划进行大规模的推广,最终实现设计计划的目的。

教师群体是教学计划实施的主体。教学管理者需要组织教师完成两个关键任务:首先,根据教学计划中的人才培养目标,编写本门课程的教学大纲,分别制订出每个单元甚至每节课的具体教学目标。其次,教师可以在这些具体教学目标的指导下，结合教学内容，设计教学方法并做好其他教学准备。

评价教学计划的目的在于审视其科学性、合理性，以便及时发现存在的问题和缺陷，并分析其根本原因，从而采取相应的改进措施。

教学计划的整体性评价大致包括以下四个部分。

（1）对教学计划制订的过程进行评价。这一环节的评价标准主要包括两个层面，一是制订过程是否严格地遵循了科学原则，二是制订过程中所遵循的程序是否合理。一般而言，对教学计划进行修订的步骤是：考虑到社会、经济及科技已得到了快速发展，人才培养也应与时俱进，不断做出新的调整；确定学科范围和专业培养目标；对上级有关文件的内容及相关规定有较好的阅读、理解和消化吸收。教务处应对本校制订的教学计划提出具体的实施意见和要求，具体内容如下：由系（院）主持制订教学计划方案，经系（院）教学工作委员会讨论审议，校教学工作委员会审定，主管校长审核签字后下发执行。要保证教学计划的稳定性，可根据实际情况和需要，隔一段时间重新修订。

（2）评价教学计划的修订成果。其目的在于核实教学计划是否符合原本的教育理念、目标和改革设想等初衷。

（3）评价教学计划的执行过程。在教学工作中，检验教师是否遵循了相关教学原则，是否选择了合理的教学方法和科学的组合原理，检验高校教学管理工作中存在的其他问题。

（4）评价教学计划实施的结果。目的是检验学生通过学习课程内容是否已经成功地实现了预设的教学目标。以课程目标为评价标准，以人们所熟知的考试考核为评价方式。

在编制课程的过程中，实施教学计划并对其进行评价是一个不可或缺的环节。一些教学管理者往往忽略了其独特的功能和重要性，而一些学校每年都在修订教学计划，却没有经过任何实验试点的检验和评价就直接在全校范围内实施，这种做法容易使教学计划不切实际。

（二）教学计划的实施与检查监督

教学计划的实施与检查监督的主要目的是调动教学者和管理者的积极性，确保教学活动有序、稳定地进行，进而提高教学质量。为了确保教学计划的顺利实施，需要重点关注以下四个方面的内容。

1. 编制学年或学期教学执行计划

不同学校在编制教学执行计划时所采用的方法是不同的。有些学校会按照学年制订一个课程计划，随后按学期制订一个运行计划（表）。编制课程计划时必须事先做好开课所需的准备工作，包括编写教案、调度教学资源、准备实验项目及研究开发新项目等。在制订教学执行计划时，应以已经获得校方批准的教学计划为基础，对各门课程教学任务的安排以及主要教学环节教学任务的安排，需要着重关注以下几个方面。

（1）要校（院）系协同，安排一些能力出众的教师承担主讲教师的职责，尤其是基础课主讲教师的教学水平一定要高。

（2）合理调整教学时间以满足不同教师的需求，因此编制计划的工作人员要进行深入的调查。

（3）制订编制进程计划的程序表，明确规定编制者的任务、审批制度及时间要求。

2. 编制单项教学组织计划

此处的单项教学组织计划是指某一个单项的教学活动的组织计划由教师和相关职能部门编制或制订。单项教学组织计划包括实践教学安排计划、课程教学日历等。在这些计划中，教师会安排各种教学活动，如课堂讲解、实践任务等。在编制单项教学组织计划时，需要着重强调组织行为。具体而言，可以由教师起草和编制，再由教研室（课程组）集体讨论形成，最后由领导审定。此外，为确保计划有效执行，还需要有相应的制度规定。

3. 调整教学计划

通过审定的学年、学期进程计划和教学计划应在学校文件中发布，下发后不得随意更改该计划中所列出的每门课程、学时、开课学期、考核方式、开课单位和任课教师。如果执行过程中需要调整，必须遵循严格的审批程序，并且应该有相应的文档管理程序。当某一专业的教学计划在执行过程中需要进行较大调整时，必须对该专业的教学计划进行修订，同时必须提交经过修订的专业论证报告和教学计划。对于那些需要进行调整的课程，要求提交一份支持该调整的论证报告。已经经过审核并排定的学期教学执行计划，不可进行任何更改。

4.检查教学计划的执行情况

对于各院系教学计划的执行情况,学校应当加强监督与检查。这将有助于确保教学计划的有效执行。在不同的阶段和不同的层次上,采取不同的检查方法,一般为自查,然后深入分析检查结果,并进行适当的反馈。检查制度确保了教学运行的稳定性,监督计划实施的有效性,对教学改革方案的实施大有裨益,并且能够积累丰富的教学经验,是教学质量监管顺利进行的有力保障,有利于提高教学质量。检查可以在全面质量管理或质量监督系统中统一进行。

总之,教学计划管理是一项重要的教学管理工作,需要学术管理和行政管理相结合。不应将其看作是纯事务性工作,应按部就班地去完成。由于其强调实践性和科学性,因此需要现代教育理念和相关理论的指导,尤其是哲学上的理性思维和创造思维;教学计划管理必须建立在广泛、长期的教育研究基础上,需要积累丰富的管理经验;教育管理团队需要具备高水平的教育思想和现代化管理技能。当然,教学计划管理的执行团队也应具备较高的现代化教育管理水平,特别需要强调的是,必须以"为教师服务"的理念为导向,合理组织教师队伍,执行并实施教学计划,方能有效地开展教学计划管理工作。

二、教学运行管理

教学运行管理是教学管理中最为核心、最为重要的管理内容之一,其主要内容是按照教学计划有序地组织和管理教学活动。该项管理包括师生互动的教学过程的组织管理和校、系(院)教学管理部门进行的教学行政管理。它的核心在于全校联动,上下协作共同遵守教学规范和各项制度,保持教学工作平稳运转,确保教学质量。

(一)教学运行管理的重要性

管理可以被视作一门学科。除了其他硬件条件之外,管理水平也是影响一个单位或部门工作效益的重要因素。要保障和提高教学质量,有效的教学运行管理是不可或缺的。教学运行是指围绕教学计划开展的教学活动、相关辅助工作的组织管理,它是一个不断变化的过程。

教学过程的组织和管理需要教学和学习两个方面的相互合作和努力。根据矛盾论的观点，教师在教学矛盾中起着主导作用，但从另一方面来看，学校的学生数量众多，教学目的是向学生传授知识，传导正确的思想，使他们成为合格的人才。因此，教师的教是为了服务学生的学。基于此，在任何教学活动中，都要将学生放在首要位置。要确保教学活动的顺利进行，必须遵循以教师为主导、以学生为主体的指导思想，明确理解这一指导思想有助于做好教学运行工作。

"全校协同，上下协调"是教学运行管理工作的总体原则，要严格遵守学校的规章制度和教学要求，使学校的教学工作能够平稳运行，进而促进教学质量的提高。为了实现"全校协同，上下协调"，需要全校各部门共同合作并建立"教学工作是学校经常性的中心工作"的共识，在提高教学质量的前提下，进行"协同""协调"。在协调各教学行政管理部门的工作中，教务部门应扮演主要角色，教务处员工应有意识地承担这一重任。

学校制定的教学准则和制度旨在确保教学工作始终稳定有序地运行。因此，学校在执行教学规范和各项制度方面的严谨程度，反映了学校是否具有严格管理学校的校风和学风。这一点十分关键，因为它牵扯到教学工作的稳定运转，影响着教学质量的高低。教学运行有自己的规律，这个规律可以概括为"一个计划、一个大纲、三个环节和五个管理"：一个计划是指教学计划；一个大纲是指教学大纲；三个环节分别是实践教学环节、课堂教学环节、科学研究训练环节；五个管理包括教师工作管理、日常教学管理、教学资源管理、学籍管理、教学档案管理。

（二）教学大纲

教学大纲规定了一门课程的教学目标和内容（包括实践教学）。任课教师根据教学大纲的指导进行教学，教学大纲是评估其教学水平是否达标的重要准则。编写教学大纲可以规范教师授课的行为，从而提高教学质量和效果。

组织教师编写教学大纲应以教育部提出的课程教学基本要求为依据或参照，并结合本校的实际情况和特点；也可以联合其他学校，组织同一专业的教师共同编写教学大纲；一些特定的课程也可以直接使用由教育部编写或推荐的教学大纲。

一旦学校确定了教学大纲，就意味着该大纲对于课程的教学活动具有"法律效力"。因此，授课教师的教学活动必须严格按照该教学大纲进行。相关部门会进行审查以确保教学内容和质量的提高，而且学校组织的期中、期末考试也应在教学大纲的基础上进行。

因此，必须谨慎编写教学大纲，确保其符合教学计划整体优化和专业培养目标的要求，同时也要将学校的实际情况，如师资力量、课时数额以及进行教学实践活动的客观条件等考虑在内。只有这样，才能提高教学大纲的编制质量。教学大纲应成为教材编写和修订、实验项目设置、实验室建设以及教学条件改善的基础。

（三）教学组织

1. 课堂教学

在学校的教学活动中，课堂教学是最基础的方式，教师主要通过课堂教学这种形式传授知识。为了提高课堂教学的质量，有必要对基层教学组织提出具体的要求。

首先，聘请优秀的教师来授课。要求聘请的主讲教师应该具备渊博的学术知识、丰富的教学经验；对被选聘上进行教师的专业理论知识与专业实践技能方面的培训，学校的教务处在挑选承担教学任务的人员时，应根据各系（部）、教研室（教学组）的情况进行核查。

其次，教研室要组织教师仔细研究本学科的教学大纲，按照教学大纲的要求，编撰或选择合适的课本，并为学生选择适当的参考书籍。同时，还需要教师撰写教学日历，编制所授课程的教案。教学日历指的是课程内容进度安排表，它主要是按照教学大纲规定的教学周数、学时数和教学内容，对本课程所在学期（学年）的教学活动、教学内容进行详细的安排，这样可以帮助老师更好地掌握教学进度，防止在教学过程中出现前紧后松、前松后紧，或者是缺少教学内容等现象。

在校、系向教师传达下一学期的教学任务后，教研室主任应认真检查教师上述工作的准备情况。如果发现了不足之处，应该尽快加以改进。在教学活动中，为了提升教学质量，教研室可以组织教师观摩教学，适时对正在进行的教学活动进行教学检查，之后应当认真记录并给予反馈。这有助于任课教师改进教学方法、完善教学内容，提高自身的教学水平。

再次，定期组织教师深入研究探讨教学方法，尽量避免使用填鸭式的教学方法，提倡使用启发式的教学方法。启发式教学要求教师具有更高的教学水平，善于观察每个学生的特点并提出启发性的问题，促使学生思考和回答问题。这种教学方式不仅有助于学生养成主动思考的习惯，而且能够增强课堂活力，提高教学水平和教学效率。

最后，教研室应主动探索运用现代教育技术，如互联网教学、多媒体课件教学和电化教学，教师和学生通过校园互联网系统，获得更多教学信息、最新的知识和科学技术成果。

2. 实践教学

在整个教学过程中，实践教学环节扮演着至关重要的角色。实践教学既能对教师在课堂上讲授的内容进行检验，又能使学生在实践中获得更好的发展。同时，理论也是从实践中产生的，而实践又是推动理论进步的主要力量。所以，在编写教学大纲时，应注意到实践教学课程的内容，而实践教学课程本身就需要编写教学大纲以及制订详细的教学计划。另外，要明确实践课程的目标，提前准备实践内容、场地、器材和设备，考虑实践中可能遇到的问题。但由于其课时有限、经费有限，很难实现可重复性的教学。所以，只有编写一套完整的教学大纲和教学计划，才能使教学工作井然有序，充分利用好每一节课的时间，才能达到最佳的效果。学生可以将毕业论文（毕业设计）与实际教学课程相结合，学校要尽可能地提供经费支持。学校可以和企业联合建立实训基地，为学生提供实习和社会实践的场所，保证实践教学持续进行。实践教学课程应严格按照教学计划进行，未经允许，不得随意删减。

3. 科研活动

在大学阶段参与科研活动是一项综合性教学环节，它可以培养学生的实践和创新能力，并且有助于学生树立为社会服务的意识。学校应该通过多种方式呼吁学生开展科学研究工作，教师应在传授知识的同时，带领学生开展科研活动。学生可以承担少量的社会科研项目，学校也应在物质和资金方面提供保障。近年来，我国一些综合性大学已尝试实施此项措施，并取得了良好的成果。

(四)日常教学管理

日常教学管理的要点是确保教学计划得以顺利执行,主要内容为严格执行教学计划年度或学期的"三表",即教学运行表、课程表、考试安排表。

1. 教学运行表管理

有些学校把教学运行表称为教学进度计划表,它可以以学年或学期为单位进行制订,教学运行表需要根据教学计划来制订。它有两个作用:首先,教务科的工作人员以它为依据制订每学年或每学期的课表;其次,通过使用教学运行表,能够有效地避免在执行教学计划时出现遗漏课程或重复上课的情况。在已有教学计划的情况下还应制订教学运行表,这是因为在实施教学计划时不免会出现临时变动。教学计划一旦制订,不宜频繁变动,否则会在后续的课表编制中出现遗漏或重复。因此,制订教学运行表就显得尤为必要,它可以作为教学计划的补充,弥补上述缺陷。教学运行表能够记录教学计划的实际执行情况。即使某年或某学期的课程安排与教学计划完全相同且未做临时调整,编制教学运行表也是必不可少的一项工作。所有学年或学期的教学运行表累积在一起,就成为学校教学活动的真实记录。

2. 课程表管理

课程表是全校师生在教学与学习活动上的日程表,详细列出了专业班级、上课科目、授课教师、上课地点和时间等内容。课程表是教学计划执行的详细安排。合理地排课能够确保教学活动有序、高效进行,保证学生和教师都处于最佳状态。编制课程表时需要考虑以下四个方面:第一,要充分考虑学生的学习情况,以提高学生学习效率为目的;第二,要结合学校的实际情况,如各类教室、图书馆、微机室、体育场的容量和设备器材的数量,充分发挥这些教学场所的作用。第三,要统筹考虑学校各项工作、教师教学与教研,合理分配教师和学生的时间。第四,需要关注不同课程的特点,尽可能照顾和满足任课教师的合理需求。课表一旦发布,就必须严格遵守,如需调整必须得到学校领导(包括主管校长、教务处长)批准,未经批准不得私自更改。

3. 考试安排表管理

考试是教育教学中必不可少的环节,考试风气可以反映学校的整体教育风气,考试安排表是保证考试管理严格执行的基础。除了考试安排表，还应该制作考场记录表，详细、真实地记录某一门课程的考试情况，包括考试科目、参考班级、应参考人数、实际参考人数、缺考人数、考生姓名、监考人员姓名、考场是否有异常情况等。这些记录应与学生试卷一起放入教学档案进行保存。学校、学院（或系部）应当设立教学日志系统，指定专门人员对教学活动的实际情况进行记录。若在记录中发现问题，领导应立即采取措施处理并记录在案，同时也应记录相关解决方案及结果。教学日志应被视为重要的教学档案，需要进行长期保存。

4. 学籍管理

学籍管理是对学生的考核与管理，包括考核学生的入学资质、在校期间表现、是否符合毕业条件。由于其涵盖了学生在校学习资格、学历变迁以及学业水平等方面的内容，因此需要遵循一定的政策和原则，所以校级和系级教务管理部门都有专业人员负责这项工作。学生的学籍管理涉及学校的多个部门，如招生部门、学位授予管理部门等，因此要做好相应的协调工作和文档管理工作。

学校教务处在管理学生学籍时，首先需要确立一定的规范及相关制度，其次需要对学生的学习状况、学习成绩、学分进行管理。在这些管理工作中，特别需要重视对成绩的考核与记录，因为这直接涉及学生的升级、留级、降级和毕业。因此，在进行成绩评估和记录时必须认真、严格。为了确保记录准确无误，应认真制作学生的成绩卡和学籍卡，并在填写时注意内容完整、准确、规范。必须妥善保管原始记录，尤其是当几种记载有冲突时，应以原始记录为准。

5. 教学档案管理

在学校档案管理中，教学档案管理占据着重要的地位。教学档案管理主要由教务管理部门以及系、部教学管理单位来负责。学校的教学档案是记录和反映教学过程和结果的重要工具，也是教学经验和管理经验的重要积累。保存好教学档案对于不断改进教学质量和提高教学管理水平具有重要意义。为了保证学生教育记录的安全性和有效性，学校应设立专门的档案管理机构，其中包括对教学档案的保管。此外，职能部门（如教务处、学生处）也负责保管学生的教学档案和常用的教学档案。校档案室等专门档案管理机构可以保存不常用的教学档案和毕业生的教学档案，而密级的档案则需要按照保密制度的要求执行相应的保管措施。因此，建立一个完善的教学档案管理制度可以妥善保存和充分利用这些档案。

（五）资源管理

高等学校的教学资源有广义和狭义之分，学校的师资队伍、管理团队、学校名声、办学特色等软件环境以及学校仪器设备、场地场馆等硬件环境是广义上的教学资源；学校的教学楼、学生宿舍、教学设施这些硬件资源是狭义上的教学资源。

1. 师资管理

师资管理的目的是激发教师的工作主动性。合理分配教师的教学工作量是师资管理的基础性工作，这需要考虑不同专业领域（如自然科学、社会科学、文史哲等）、不同课程类型（如基础课和专业课、必修课和选修课）以及教学和教辅工作之间的差异。

此外，必须考核和检查教师工作量的完成情况。考核的内容除了关注教学工作完成的数量，还应当注重教学工作完成的质量。检查教师在教学过程中是否注重学生发展，以及是否积极参与教学改革和其他教学工作（如辅导、答疑、教案设计、备课情况等）。学校应该积极地为不能胜任本职工作的教师提供帮助。如果教师的教学水平的确难以提高，那么应考虑将其调离队伍；如果教师违背师德且无悔改之意，应坚决将其调离教师队伍。在教师群体中依据优胜劣汰原则建立竞争机制，不断提升教师整体教学水平。

2. 教学资源统筹管理

教学资源包含多个方面，其中学校（特别是名牌大学）的品牌便是一种无形资源，教师团队也是一项关键资源。教学资源统筹管理的目标是利用所有可用的教学资源达到最佳教学效果。为了满足教学需要，提高资源利用效率，高校需要合理配置和规划建设教室、体育场、图书馆等教学设施。在考虑合理性和可行性的前提下，改善教室的功能，建造实用的多功能教室。

为了有效统筹管理教学资源，有以下几个方面需要注意：第一，争取从学校主管部门获得足够多的教学支持，加强校内基础设施建设（需要合理规划），并增设教学场地和设备；第二，要妥善保管并巧妙运用这些场地和设备，建立完善的教学场地、设施保管制度并严格遵守；第三，科学合理地使用教学场地和教学设施；第四，应该考虑优化配置教学资源，学校内不同的院系、部门之间可以共享资源，学校与学校之间也可以实行资源互通与共享。

第二节　高校教学质量管理

一、教学质量管理概述

（一）教学质量管理的基本概念

实行教学质量管理，首先要明确以下几个基本概念。

1. 质量和教学质量

质量是指产品或工作符合既定标准的程度，也可以说是衡量产品或工作优劣的标志。质量包括产品质量和工作质量两个层面，工作质量决定产品质量。

教学质量有两种理解，狭义上的教学质量为课堂教学的好坏。以大学语文教师的教学质量为例，教师在课堂教学中，根据教纲和教材的要求组织教学过程，完成规定的教学任务后获得的成效能够反映出教室教学的好坏。所有遵循教纲和教材要求来组织教学、依据教育部门的规定进行教学的教师，所教授学生的考试成绩都能够在一定程度上反映出这位教师的教学质量。广义上的教学质量还包含其他方面，所谓教学质量高指的是能够较好地满足社会和经济发展的需要，教学的效果应当是深刻而长远的，学生不仅有完善的知识和技能体系，还有充分的自主学习、自我教育能力，有优良的思想品质和健康的身体。并且，学生未来能够在社会上发挥自己的作用，做一个"四有"青年。所以，评价学校的教学质量，不能仅局限于考试成绩，也要关注教职工的工作质量和学生的学习质量。

2. 管理和教学质量管理

不同学派对管理的概念有不同的理解。按照管理科学学派的观点，管理的核心在于效率。该学派的学者认为，管理是团队为了共同的目标相互配合、协同工作的过程。管理的关键在于确定目标和应当采取的措施，在做出正确决策的基础上，寻求最佳方案，以提升管理效率。按照行为科学管理学派的观点，管理的核心在于人。该学派的学者认为，人类的各种行为都来源于某种内在动机。最新管理理论形成于20世纪70年代，在这一理论中，管理是团队为了达成一定的目标，对所有可用的资源进行组织和使用的过程。我国众多教育家对管理有着各自不同的观点，其中教育家段力佩认为："管理的实质意味着服务，在学校科学管理的问题上，绝不是你管我，我管你，绝不是领导管理教师，教师管理学生，而应该是通过科学管理，更好地为学校教育事业服务。"[①] 此外，马克思在《资本论》中指出："一切规模较大的直接社会劳动或共同劳动，都或多或少地需要指挥，以协调个人的活动，并执行生产总体的运动——不同于这一总体的独立器官的运动——所产生的各种一般职能。一个单独的提琴手是自己指挥自己，一个乐队就需要一个乐队指挥。"以上说明了，只有组织和调配各种资源、组织指挥劳动过程，才能使多人协同工作，并使工作遵循预设计划进行，最终达成预期目标。管理指的就是这种组织、指挥和协调劳动的工作。

教学质量管理是指通过不断的评估、监测和改进教学过程，提高教学质量的过程。它是一种综合性的管理，是对教学质量形成的整个过程的管理，需要对这一过程中的所有人员和影响因素进行有效组织和管理，发挥这些人和因素在教学质量形成中的正面作用，以达到提升教学质量的目的。也就是说，教学质量管理是以提高教学质量为目的的，能够对此提供有效保证。

（二）教学质量管理的内容及其分类

1. 内容

教学质量管理的内容如下。

（1）构建和完善教学质量管理体系，将教学质量形成过程中的所有人员都纳入这一体系，使每个人都在自己的岗位上尽最大努力承担相应的责任和义务，确保信息畅通和沟通顺畅。

（2）全面而深入地了解教学质量的形成情况，并归纳出相关数据，用数据来证明观点，而不局限于以突出的事例对问题做出说明。

（3）对成功的经验和先进的管理理念、方法进行及时的总结和交流、推广，发挥其带动和引领作用。

（4）在教学质量的形成过程中，必然会涉及各种矛盾，需要协调各方共同化解这些矛盾。

---

① 陈青云. 段力佩与育才中学[M]. 上海：上海教育出版社，2013.

2. 分类

上述四项内容难度较大，常常难以完全掌握和熟练运用。按照教学质量管理的业务范围，可以将其分为以下三种类型。

（1）预防性质量管理。通过实施预防性质量管理，能够快速地发现和解决教学过程中存在的部分不足之处，从而有效避免教学中的倾向性问题。因此，预防性质量管理能够发挥可靠的保障性作用，有助于逐步提升教学质量。

（2）鉴定性质量管理。这种管理方式指的是在特定的阶段开展质量检查和质量分析，因而也被称为阶段性质量管理。例如，很多学校会组织新生开展摸底测试，以大致掌握他们的学习进度和学习基础，发现他们在学习中存在的问题，以便在后续教学中补"缺"补"漏"。几乎每所学校都会在学期末评估学生在德、智、体、美、劳等方面的成长状况，据此作出下一学期或下一学年的管理决策，同时反思经验和教训。在毕业前对应届生开展全面的质量检查和质量分析，归纳这一届学生在教学质量管理方面的成果和教训。上述均属于鉴定性质量管理的内容。

（3）实验性质量管理。

很多教学质量管理工作都需要进行科学研究和实验。只有经过可靠的实验证明其有效性后，才能逐步普及推广相关经验和方法。通过这种方式，可以增强管理人员的自觉性，减少无计划的行为，还能使他们自觉遵循客观规律来处理事务，避免挫伤教职工教学和管理的积极性及学生的学习积极性。

（三）教学质量管理的主要观点

1. 预防为主的观点

教学质量管理应当以事前预防为管理重心。教学质量管理能否把握这一重点主要由三个方面决定：一是学校干部、教师、管理人员等人是否具备实事求是的科学精神；二是他们的专业知识和能力是否满足教学质量管理的要求；三是他们的工作质量是否符合质量标准。以上三个方面的要求在很大程度上决定了学校的教学质量。

2. 树立用数据说话的观点

教学质量管理要想科学有效地进行，就要将体现教学质量的各种事实转化为数据，只有这样才能通过统计学方法对教学质量进行直观、合理的判断，探究其中原因，抓住主要矛盾，并采取可行的措施。由于教学质量形成过程中存在多种影响因素，因而综合整理数据时要注意筛选，保留与主要影响因素相关的数据，去除无关紧要的数据，这样才能准确地反映教学质量。

（四）教学质量管理的原则

1. 坚持思想政治工作领先的原则

学校领导是全校教职工和全体学生的引路人。为了保证学校坚持正确的办学方向，成为社会主义精神文明建设的重要基地，学校领导必须做好思想政治工作，必须以强有力的措施避免和抵制校外的不良思想的影响。此外，为了提升教学质量，在进行教学质量管理时，必须加强思想政治工作，以此来保证高校始终贯彻党的路线、方针和政策，同时利用所有积极因素，确保学校能够全面完成党和国家赋予的任务。因为教学质量管理的核心是人，管理者是人，管理对象也是人，人的行为是由其思想所驱动的，因此必须坚持思想政治工作领先的原则。这不仅是为了使广大师生和教职员工自觉践行党的方针、政策，也是为了以先进思想教育和引导他们，使其明确思想政治工作在教学质量管理中的地位和作用，从而全面而深刻地认识到当下强化思想政治工作的重要性进而在此基础上将思想政治工作与教学相结合，与日常的教学质量管理相结合。

2. 坚持实事求是的原则

对于实事求是是什么，毛泽东同志曾明确地指出："实事就是客观存在着的一切事物，'是'就是客观事物的内部联系，即规律性，'求'就是我们去研究。"[①]他还指出："我们要从国内外、省内外、县内外、区内外的实际情况出发，从其中引出其固有的而不是臆造的规律性，即找出周围事物的内部联系，作为我们行动的向导。"[②] 实事求是是一种重视客观事实、遵循真理的态度和方法，是所有工作都要遵循的一项原则，学校教学管理也是如此。学校教学管理应将理论与实践相结合，立足于实际情况，找到周围事物之间的内在联系，以指导人们的行动。

---

① 毛泽东. 改造我们的学习 [M]. 北京：人民出版社，1956.
② 毛泽东. 改造我们的学习 [M]. 北京：人民出版社，1956.

3. 坚持民主集中制的原则

不坚持民主集中制，就不能称之为马克思主义政党，就失去了社会主义属性。作为党领导下的，坚持社会主义前进路线的学校，必须坚持民主集中制。民主集中制是许多学校形成生动活泼的政治局面、充分发挥师生员工的聪明才智、把学校办好和管好的重要保障。党明确提出了"建设高度的社会主义民主，是我们的根本目标和根本任务之一。""社会主义民主要扩展到政治生活、经济生活、文化生活和社会生活的各个方面，发展各个企业、事业单位的民主管理，发展基层社会生活的群众自治。"[①] 我们必须毫不动摇地朝着这一目标努力奋斗。社会主义民主得到宣扬，使得学校形成一种全新的氛围，让师生员工身心愉悦，充满工作热情。但是教学质量管理，不能仅强调民主，不强调集中，不能只强调自由，不强调纪律，否则难以维护良好的教学秩序，也就无法进行管理，更不能提升教学质量。若是违背了民主集中制度，忽视了民主和集中的结合，那么就难以实现教学质量管理的目标。要坚持民主集中制，学校行政人员在教学质量管理中，应当注意以下几个方面。

（1）必须坚守"个人服从组织，少数服从多数，下级服从上级，全党服从中央"的重要原则。尤其是最后一点，若不坚守就无法保证党的集中统一。只有全党团结一致，服从中央领导，才能保证党的路线、方针、政策得到贯彻执行。同时，与党中央保持思想上、政治上的一致。

（2）必须坚持集体领导和个人负责相结合。明确职责，将责任具体到个人，明确每个管理者的职责，要确保每件事情都有人管理，每个人都能承担起自己的责任，并执行质量责任制。

（3）必须坚持领导和群众相结合。学校领导应当传承并弘扬党的优良传统，保持优良作风，与全校教职工和学生共享荣辱，始终保持紧密联系，不能以置身事外的态度开展管理工作。在当前阶段，我们会不断面对新情况和新问题。所有的决策、管理措施、评价指导等的制定和执行，都要与群众深入沟通、全面交流，从群众的角度出发，回应人民群众的期望和需求。

---

① 中央党校政治经济学教研室编写组. 十二大文件经济问题学习问答 [M]. 天津：天津人民出版社，1982.

二、全面教学质量观的形成

（一）全面增强质量意识

高校的核心职责是为社会主义建设培养人才，始终将教学工作放在首要位置，提高教育质量则是其不断追求的目标。高校应当建立以质量为生存和发展的主要途径的理念，形成人才质量竞争意识。

在当今信息化高速发展的时代，不断提高产品和服务的质量，用质量谋求生存和发展，已成为各行业、各领域的共识。如今，随着生产力的持续发展以及物质产品的多样化，产品价值的决定因素已经不再是数量，而是质量。教育也不再一味扩大规模追求数量，而是不断地进行内部革新追求质量。随着中国加入世界贸易组织，以及经济全球化和教育国际化的不断推进，人才竞争已经成为21世纪综合国力竞争的关键，并且这种竞争日趋激烈。拥有大量优秀人才的企业将会在竞争中处于优势地位，国家竞争和高校竞争也不例外。如今中国已经全面建成小康社会，高等教育发展至新的阶段，从以往的精英教育逐渐向大众教育转化。大学的招生条件也有所降低，学生可以在全国乃至全球范围内选择高校。如果一所高校无法提供优质的教学资源，必定会面临严峻的生存挑战。

（二）重要性和紧迫性

我国普通高校数量接近3000所，由于各高校的规模、历史、经验、办学质量和管理水平不同，因此在教学质量管理水平上也存在差异，教学质量管理处于不同的发展阶段。我们可以将其大致划分为四个阶段。

（1）第一阶段：基本上保持日常性教学质量管理状态。主要管理工作为常规的期中教学检查、定期组织教学观摩活动、收集学生对教师的反馈和意见、在期末时组织考试等。此阶段没有进行科学的、系统化的教学质量评价工作。

（2）第二阶段：以日常性教学质量管理为主要状态，并配合上级主管部门展开各种教学评价工作，以保证学校教学质量的持续提高。然而，没有协调和衔接日常教学质量管理工作和教育评价工作，采取"两条线"管理方法，或多或少地存在着"两张皮"问题。

（3）第三阶段：教学管理功能转化，以教学评估作为重要管理方法。做到了日常管理工作与教学质量评价的良好结合，由"两条线"管理转变为单线管理。

（4）第四阶段：教学质量管理朝着系统化、规范化和科学化的方向发展，不断研究，建立健全高校教学质量的监控系统和保障体系，将目标管理和过程管理相结合，采取全面的教学质量管理模式。

目前，我国部分高校的教学质量管理尚未达到"系统化、规范化、科学化"的水平，还未建立起有效的教学质量监控和保障系统，仍在不断尝试和探索。考虑到当前我国高等教育所面临的巨大挑战，当务之急就是提高教育质量，对此各高校应强化责任意识和危机意识。在21世纪中国高等教育的战略规划中，提升人才培养的质量是非常关键且极具挑战性和紧迫性的任务。

当前高等教育正处于重要的改革期，机遇与挑战并存，经济全球化使得国家间的竞争越发激烈，究其核心，归根结底是人才的竞争，尤其是高素质人才的竞争，所以各国之间的高等教育竞争也随之激化。只有具备了人才培养的优势，培养出大量的高素质人才，才能够在国际经济竞争，乃至综合国力竞争中抢得先机。所以，各高校应当革新教育理念，并确立正确的教学质量观。在教学工作的决策和规划中，重视教学质量，强化质量意识，不断更新质量观及人才观，以此指导教学工作，建立新的教育教学质量标准，不断探索和创新教学质量管理，建立教学质量保障体系，以提高教学质量。

（三）实施全面教学质量管理

高校所不懈追求是培养经济和社会发展所需的高素质人才，确保教学质量符合学生、家长及社会的期望。全面教学质量管理的基本思想要求高校从管理体制、人员、策略，以及学校办学理念等方面入手，推动高校全面教学质量管理的实施。

（1）管理体制：为了培养高素质、复合型人才，满足当下社会主义现代化建设的要求，学校可以尝试和探索设置文理学院的体制。文理学院将人文科学、社会科学和自然科学等基础学科整合为一个整体，这几个学科是学习其他学科的基础，将之整合为文理学院能够在培养学生综合素质方面发挥关键性的作用。安排大一新生在文理学院学习1~2年，使之具备扎实的文学文化基础，培养其基本的人文素质、科学素质，这能够为学生在能力、社交、知识等各个方面的全面发展提供保证。为了顺利实施文理学院体制，还需适当修改现行的根据学生数分配教学经费的管理规定。

（2）管理办法：重视激发和调动所有教职员工和各个部门的力量，实现全员管理。教学质量管理需要全校师生员工的共同参与，这不仅仅是教学管理部门和教学管理人员的职责，而且直接参与教学过程的教师和学生也在其中扮演着至关重要的角色。曾任清华大学校长的梅贻琦先生曾说："所谓大学者，非谓有大楼之谓也，有大师之谓也。"[1] 高校必须充分发挥大师的作用，其除了应在科学研究中发挥作用之外，还应更多地在教学过程当中发挥作用，这对于学生的帮助是不可估量的，甚至可能改变一个学生的一生。与此同时，大师在教学和与学生的沟通交流中也能够获得启发和灵感。在教学中，教师扮演着"导演"的角色，他们的主要任务为"总体构思"，即掌控学术方向，创造学科特色，创新教育方法等；"挑选演员"，即着重评估学生的综合素质，包括个性、气质、技能、知识等各方面；"创作指引"，指导、辅助学生保持健康阳光的心态，开发和发展他们的个性与天赋，启发和发展他们的创造性思维；"营造氛围"，创造良好的学习条件，让学生能够感受到挑战性，并且能够包容失败。

（3）管理策略：不断尝试、探索和创新管理策略。专家意见在教学质量管理中的作用巨大，应当认真听取。教育专家对学科及其标准的正确界定有深入的了解，他们了解学科前沿知识。蔡元培先生曾在北京大学组建教授会，呼吁实施"教授执教策略"，旨在由学术水平高的人管理学校，以提升管理水平。

（4）办学理念：明确办学目标和理念，以此提高教学管理水平。鲜明独特的办学理念融入了学校师生的价值观念，有助于造就优秀人才。同时，办学理念也能推动学校在师资队伍、管理服务、条件建设、人才培养等方面坚持探索和创新，从而全面提升教学质量和管理水平。

（四）树立全面的教学质量观

1. 德、智、体全面发展的观点

高校应全面实施德、智、体全面发展的教育方针，以培养具备社会主义事业建设者和继承人的素质为目标。这是评估教育教学质量的重要指标。推崇"全面发展"教育理念，培养学生的学习能力、道德修养、职业技能和生存技巧。一方

---

[1] 黄延复. 梅贻琦教育思想研究 [M]. 沈阳：辽宁教育出版社，1994.

面，高校应树立个性化教育观念，不仅要坚持全面发展，还要承认学生的独特个性和特长，注重培养学生的独特才能和创造能力。为了实现这一目标，需要继承优秀的办学传统并总结成功的办学经验。另一方面，积极学习借鉴国际先进的教育理念和教学管理模式，如学分制教学制度具有极为显著的优点，在培养学生的个性特长、激发学生的创新思维以及提高学生的综合素质等方面具有重要的作用。高校应根据自身实际情况积极推动教育创新，培养更多全面发展、适应时代需求的高级专业人才。

2. 知识、能力、素质并重的观点

如今，人们对高等教育的观念和需求发生了重大转变，这主要得益于高等教育事业的蓬勃发展、终身学习型社会的构建以及科学技术的快速发展。如今的高等教育已不再局限于传统的学科领域，已拓展到更广泛的领域，提供了更多元化的学习机会和经验。在一定程度上，职业培训和专业化的定义正在逐渐模糊，本科教育的重要性越来越凸显，其不仅是高等教育的基础，而且也为终身学习和高水平研究生教育打下了坚实基础。素质是个体内的基本品质。素质是由先天遗传和特定环境综合作用而形成的。素质不仅体现在知识和能力上，更体现在一个人内在的能力和动力上，这种内在的能力和动力是获得知识和能力所必需的要素。人的素质越高，其获取知识和能力的效率也会相应提高，两者之间存在着紧密联系。同时，人在不断学习和成长的过程中，还会不断提升自身的素质和能力水平。高等学校教学质量管理的基本出发点之一是坚持把知识、能力和素质放在同等重要的位置，注重提升学生的多方面素质，实施以素质教育为重点的教学。

3. 智力因素和非智力因素协调发展的观点

如果一个人想要在事业上获得成功，智力因素是非常重要的，但非智力因素也能对创造过程产生重要的影响，如定向、引导、维持、强化、调节。探讨如何在人才培养的各个方面考虑学生的非智力因素一直是一个备受关注的议题。高校应该积极开展各种教育活动，营造出有利于学生成长和发展的校园文化氛围和育人环境。除了注重培养和发展学生的智力因素，还应该注重培养他们的非智力因素，如动机、兴趣、情感、意志和毅力的培养与发展。高校需要努力打破长期以来主导教育界的应试教育模式，让学生不再被束缚于习惯性的从众和缺乏创造性的人格特征之中。为了实现这个目标，高校需要积极探索学分制管理模式，让学生能够自主选择专业和安排学习时间,从而增强他们的自我评价意识和能力。这种教学方式可以唤起学生的自我动力,学校应创造机会和条件来促进他们的个性发展,使智力和非智力因素得到协调发展。

三、日常教学质量全过程管理

(一)日常教学质量管理的目标

要实现预设的学习目标并保证教学计划的顺利执行,必须有效地组织日常教学活动,这说明了日常教学质量管理的重要性。

高校日常教学质量管理的核心目标在于保障教学过程的顺利进行和监督教学质量,同时通过教学管理活动鼓励教师进行教学研究、教学建设及教学创新,以提升教学水平和教学质量。教学管理人员在日常的工作中,需要履行四种职能,可以概括为参谋、管理、督导、服务四个方面。

参谋。通过教学检查和教学研究监测教学质量,向领导和上级教学管理部门反馈教学情况,提出改革和改进教学工作的意见和方案,为各类教学人员提供教学咨询。

管理。组织编制和执行教学计划、教学大纲等教学文件和教学管理规章制度,合理配置学校教育资源,组织课程教学和各教学环节管理的实施,确保学生学籍管理有效实施等。

督导。组织各类教学评估、评比和检查,引导和提升教育教学质量。

服务。即后勤保障,为教师、学生和其他教学人员服务,如为其提供教材选择、实验设备提供、课程表编排、选课指导等服务。

(二)日常教学质量管理的基本内容

1. 新生入学质量

教学质量管理的首要任务是保证新生入学的质量。高校应根据学校的定位、培养目标以及社会需求,制订招生计划。需要考虑到招生来源、学生的素养和构成以及学生特长等因素,坚守招生标准,以确保新生的学习质量,从而为提升教育教学水平奠定基础。此外,为了顺畅推进招生和就业工作,需要各个部门联合协作，做好宣传，制订相关工作流程，创新招生和就业制度。

2. 培养计划质量

高校人才培养的中心要素是教学计划，该计划揭示了学校的办学理念、教学管理理念和人才培养方案。为了跟上经济社会的变革速度和科技的发展步伐，有必要根据学校的指导思想和培养目标，制订或更新教学计划（培养计划）。必须吸纳广泛的先进教育理念，并在实际教学中不断更新和完善教学计划。坚持知识、能力和素质的协调发展，调整学生知识和技能的比重，促进学生各方面素质的全面提高。在实施教学计划时，可以进行必要的调整，但必须履行一定的审批程序，否则容易导致教学管理混乱，甚至直接影响教育质量。

3. 教学条件保证质量

教学质量管理应建立在良好的教学条件之上。随着创新教育和素质教育的盛行，人们更加重视培养学生自主学习、动手实践的能力和创造力。如果缺乏足够的教学经费和良好的实验条件，那么提高教学质量便无从谈起。为了支持教学和管理工作，需要配具完善的教学基础设施。除此之外，还需要创建公共服务体系，如多媒体校园网、图书信息资源网等。

4. 教师队伍质量

在教学过程中，教师扮演着主导角色。为了保证教学质量，学校应该加强对教师的培训和进修，并有针对性地引进优秀的教师，同时保持适当的师生比例和合理的教师队伍构成，提高教师的学术素养和教学能力，实现高水平教学。

5. 教学管理质量

为了确保教学管理质量，必须建立科学的管理体系，实现"依法治教、依法治学"，通过制度的监督和激励来提高教师的工作效率和积极性。教学管理人员应该持续加强自身的学习能力，从高等教育管理学及心理学等领域获取最新的知识，深入探究教学管理中出现的新问题，以持续提升自身的工作能力。

6. 教学大纲质量

为了保证教学质量，首要之务是编写一份高水平的教学大纲。教学大纲应与教学计划或培养计划相一致，并符合课程要求。教师既应该认真分析并遵照教学大纲要求重点讲授本课程的重点和难点，还应该介绍与该学科相关的最新进展和最新动态。此外，还应该向学生教授本学科的研究方法和实践应用技能。

7. 教学过程质量

教学过程管理的关键环节是创建良好的教学秩序，确保教学工作的顺利进行，并提供高质量的教学成果。通常来说，日常管理与组织的内容包括两个方面：教学组织和教学管理。

教学组织的基本过程是，教学管理部门按照当年的校历以学年或学期为单位，协调全校的授课课程和教学安排，并将教学任务通知书下达给授课单位。在收到通知书后，授课单位迅速安排教师教学事宜；教务处与各院系联合起来商定课程时间表和教室分配计划，并发给授课教师和学生班级。需要特别关注两点：第一，要确保教师配备充足，需要由高水平、经验丰富的教师来承担重要的教学任务，同时也需要让年轻教师在实践中得到成长。第二，要根据教学规律合理安排教学任务，编排科学的课程表。

具体的教学流程包括课堂授课、实验、习题、讨论课和实习课，以及完成课程设计（学年论文）、毕业设计（论文）和课外作业、辅导答疑、第二课堂教学环节。为了培养高质量的人才，需要对每个教学环节进行精细管理，使学生接受全面系统的教育。

8. 课程考核质量

课程考核是教学中用来检验教师的教学水平和学生的学习质量的一个重要环节。可以通过加强题库建设、实行教考分离来提高考核质量；在运用灵活多样的考核方式、设置科学合理的考核内容的基础上重点分析考核结果，以达到增强教学效果的目的。

9. 学籍管理质量

学籍管理在教学管理中发挥着重要的作用。严密的学籍管理制度和合理的学籍管理方法，对学生的学习、成才、综合素养的培养和创新能力的提高都会起到积极的引导作用。高等学校要在实施学分制的同时，积极推进学籍管理制度建设，掌握先进的学籍管理办法，进而提高学籍管理质量。

除此之外，以下几点也与日常教学质量管理紧密相关。

（1）教育思想管理：特定的教育理念能指导和影响教学活动。在教学组织管理领域，存在多种相互矛盾和冲突的教育思想和理念，如教学方法、教育水平、学科分配、年级设置、通识知识和专业能力培养、考试导向和因材施教、综合素质教育和创新型教育等。在教育教学中，教育思想管理的核心任务是持续探究教育理念，利用适当的引导方法推动教育教学的改革，以适应社会、经济和科技变革，提升教育水平，培养更高素质的人才。推进中外教育学术互动，研究创新贴合中国国情的高等教育模式。

（2）教学建设管理：教学建设包括教风学风建设、课程建设、教材建设、实验室与实践教学基地建设等，是教学过程管理的重要内容。

（3）深化教育教学改革：随着经济建设和社会发展对人才需求的不断提高，需要不断改革教育事业，以适应时代的要求和科技的进步。教育教学的改革目的是提高教育教学质量，使人才培养最大限度地满足经济、社会和科技领域的需求。教育教学改革通常包括体制、制度和过程方面的变革，旨在改进与提升教育教学质量。通过体制改革，高校能不断探索与社会主义市场经济体制接轨的办学模式。制度改革是指旨在改变教学制度和管理制度的一系列措施。近年来，为了推动教学质量的提升，各大高校对教学制度进行了探索和实践。过程改革的范畴涵盖了教学计划的优化，课程体系、教学内容和方法以及实践教学的改进等多个方面。

（三）周期性教学质量评价

要想大幅度提高教学质量，就需要深入进行周期性的教学质量评价，并且从不同的角度对教学质量进行全面、深入的"会诊"分析。通过这样的办法，可以发现那些隐蔽的、关键的、重要的问题，并采取切实有效的措施来提高教学质量。在高校的教学管理中，教学评价扮演着至关重要的角色。因而，高校的管理层和教职员工应该深刻认识到教学评估在教学管理中的重要作用。

1. 高等学校教学质量评价的类型

在我国，教学评价可以根据主体分为三种类型：自我评价，即由学校自行组织的评价；行政评价，即由教育行政部门组织进行的评价以及与社会评价相对应的由社会组织发起的评价。

学校自我评价是指学校内部自主组织的评价活动，旨在调整和优化学校内部的教学工作，推动教育体制改革，从而提高教学质量。社会评价是指一种通过社会各界对高等教育质量的评判和认可的行为。社会评价可以是从整体层面考量高等教育的发展水平，也可以是从个体层面评价学校或个人的教学水平。在进行社会评价时，应该结合教育的目标、要求和成果，全面地、客观地对高等教育进行评估。

教育行政部门组织的评价负责对学校和专业进行评定和测评，包括综合评价、单项评价及择优评价，确保其符合相关标准。通过"以评促建、以评促改、评建结合、重在建设"的方式，推动高校提高教学质量。

2. 开展教学质量评价的原则和基本方法

（1）明确指导思想。贯彻"以评促建、以评促改、评建结合、重在建设"的理念，高校需要明晰评价本身不是目的，目的是通过评价改进教学工作，提高教学质量。

（2）加强组织领导。校和院（系）成立评价领导小组和评价工作小组，有条件的也可成立评价专设机构（评价办公室或教学质量管理科）。

（3）制订适合本校的各类评价方案。若想达到良好的评估效果，必须制订恰当的评估计划。学校应该参考国内外同类学校的经验，并根据本校的实际情况和国家的相关法规，编制恰当的评价方案和指标，以实现既定的评价目标。

（4）组织评价专家组。由教授、教学研究人员、教学管理专家、有关企事业单位的代表等组成专家组，有条件的还可以邀请校外专家参与。

（5）编制奖励政策和措施，推动教学质量评价。教师在教学质量评价、优秀课程评价等方面表现优秀时，学校应该在精神层面和物质层面给予奖励，以及在相关人员的职称评审、职务晋升等方面提供政策上的优惠。

（6）日常教学质量管理与周期性教学评价相结合。进行教学评价是为了提高教学质量。为了实现这一目标，应当将日常的教学质量管理与定期的教学评价有机地结合起来。通过将评价中总结出的成功经验应用到教学中并加以固化，可以形成教学制度和传统。高校需要采取切实可行的措施来解决评价中发现的问题和薄弱环节，同时加强日常教学质量管理。

第三节　高校教学管理制度体系

一、我国高校教学管理系统的组织结构

结构是指系统内各要素之间有序排列的方式，它们相互联系、相互影响，共同构成了系统。教学管理系统的内部结构非常复杂，因此需要从不同角度进行研究，这会导致得出的系统结构形式和层次各不相同。各个国家和学校在教学组织机构设置方面都存在差异，即使在同一国家也可能不尽相同。

在组织结构方面，目前我国高等教育的教学管理分为教学和学习两个方面，每个方面都由六个级别构成。在教的方面，由主管校长—教务处—学院—系（部）—教研室—教师形成一个完整的教学工作系列；在学的方面，由主管校长—教务处—学院—系（部）—年级—每个学生组成一个学习系列。

教学和学习是两个密不可分的领域，彼此相互作用，但也各有独立。以下是教学管理系统六个层级的具体组成。

第一层，由校长主持行政会议，负责监管学校的教学工作。这是教学管理的决策层，负责进行细致的研究和分析，从而做出科学严谨的决策，并通过宏观调控实现预期目标。校长需全面负责教学质量工作，将培养高级人才作为核心任务，并在学校定位、总任务和总目标的基础上进行教学管理。

第二层，教务处是负责教学管理的部门，承担着第二层的职能。该机构在校长领导下具体策划、组织和调度全校的教学工作。教务处是高等教育中至关重要的机构。它的工作包括确定学科、教学目标和计划，分配教学任务，检查与评估学校的教学质量，负责管理各个专业的行政教学工作。

第三层，学院位于第三层。高等教育改革的过程，促成学院这一组织结构的发展。学院的组成包括各相关学科、系、部等，这种集成性的建构方式有助于不同学科之间的交流和资源共享，也便于学校对教学工作实施管理。学院的教学工作是根据教务处的宏观计划，并结合本院学科特点进行组织的。学院会安排和协调系、部的工作，全面、具体、细致地管理教学活动。

第四层是系（部）。核心使命包括加强各专业教师之间的沟通和协调，推动他们开展教学研究并分享教学经验，以提高他们的思维素养、职业技能和教学水

平。除此以外，需要加强对教师的道德修养、教学风格和学术风范的培养，建构一支素质高、能力强的教师队伍，以推进教育教学工作的改进，提高教学质量。

第五层是教研室与年级组。教研室是按照学科和专业特点划分的，负责直接指导教师的教学和科研工作的组织机构。校年级组则由辅导员负责管理。考虑到每个年级有着独特的学习进度和课程要求，因此在教学中需要针对年级的特点和大学生的思维方式进行有针对性的管理。此外，还需要进行定期的教学评估，包括阶段性测试、年级科目竞赛和教师授课情况调查等。

第六层，重点关注的是教师和学生在个人层面上所扮演的角色和对教育的影响。作为教学实践的具体执行者，教师有责任确保所教授的本专业课程达到高质量的教学标准。此外，教师还负责拓展和研究专业知识。为了不断提高自己的素质和教学能力，教师必须继续学习和研究。作为教学活动的接受者，每名学生都应该自我管理学习进度，并以自觉、合理的方式安排和选择适合自己的学习方法。学生也应该积极地协助教师的教学工作，提供有建设性的意见，并与其他同学一起探讨学习问题。

二、我国高校教学管理制度存在的问题

我国高校教学管理制度存在的主要问题如下。

（一）高校教学管理目标存在局限性

高校教学管理的核心在于实现教学目标，而教学目标对整个教育教学过程和管理活动有着至关重要的影响。目前，我国高校教学管理过于注重学生阶段的统一规划和表面上的限制，而忽略了更深层次的教学目标，且掩盖了教学管理的深层实质。

首先，教学管理目标应该考虑每个学生的独特性。因为每个学生的知识和技能获取能力不同，如果教学管理目标过于一致，可能会忽视学生的个性差异和个人发展，这违背了素质教育的核心思想。

其次，仅仅关注外在的行为目标并不能完全揭示所有隐含的活动因素。如果单纯以知识内容为出发点来制定教学目标，而忽略了实际的教学行为和师生的基础水平，就容易产生各种问题。因此，在教学管理中，为了有效地发挥个性化的

指导作用，高校需要确保教学管理目标的全面性和合理性。

最后，我国高等教育正在经历前所未有的巨大变革，这导致各种因素对学校的教学管理产生的影响越来越难以预测。为了应对不断变化的形势，学校需时刻灵活调整管理策略。如果管理目标只着眼于某一方面，就会显得死板，缺乏应变能力，无法有效应对环境变化带来的挑战。

（二）高校教学管理组织的权利意识严重

教学管理组织的存在是为了有效管理学校，并达成教学目标，它是一个高效率、结构精简的管理系统。这个系统通过动态管理有效地整合了学校中丰富的教学资源。然而，在中国的高等教育教学管理方面，面临着管理组织过于强势的问题。普遍而言，那些负责做出决策的人通常根据上级的指示及自身的权力意愿进行决策。教学管理可以采用多种方式，不仅限于"权力—强制"。如果教学管理过于强调组织层面的权力，并过度施行强制手段来推动教育管理，可能会使教师和学生感到情感压迫，导致教师情绪消极且学生逆反。这种做法并不具有提高教学质量的效果，反而会让管理对象表现出一些消极的态度，如工作服从、僵化、埋头苦干和各行其是等，同时决策参与度与透明度也会降低。

高校教学管理的最终目标在于提升教学水平，培养杰出的人才。要达成这一目标，关键是拥有具备资质且勤奋工作的教师以及具备自主学习能力的学生。高校教学管理团队应该正确行使管理权，采用协商合作的方式实施管理，积极调动行政人员、专业人员、教师、学生和校外人士的积极性和参与感，以促进教学工作的开展和顺利实现管理目标。

（三）高校教学管理组织的运作模式单一

模式是再现现实的一种理论的简化形式。目前，在我国高校中，通常采用等级制的管理模式对教学工作进行管理，即从校长到学生，一级抓一级。在这种模式下，每个级别的人员都负责各自的职责，形成了一种层次分明、各司其职的结构化管理方式。在这种模式下，许多复杂的因素会对学生的表现和校长的管理能力产生影响。

(四)高校教学管理体制僵化

在教学管理方面,有的高校过分注重强制性管理,认为这是应对各种情况的最佳措施,而忽略了柔性管理的重要性。这类高校过于强调规矩,而忽视了管理中的灵活性;过分强调管理的工具性,而忽视了其人本性。同时,管理体制过于僵化,缺乏对学生和教师个性化需求的关注。另外,教育管理缺乏完善的宣传、咨询、反馈、监管和评估体系,且呈现出封闭性的特征。具体来说,高校教学管理体制的僵化问题主要包括以下几个方面。

1. 教学计划

教学计划是培养人才的实施方案。专业院系应该自主设计和调整教学计划,以满足自身专业发展的要求。实际上,教育主管部门和学校制定的统一的教学计划标准,在一定程度上限制了院系(专业)对其进行大幅度修改,只有小范围的"选择填空"的权力。专业教学计划一经确定,就很少有较大的调整,通常在未来几年内都照计划执行,即使该领域的知识不断更新,计划的"权威"也难以动摇。

2. 课程设置

高校各专业课程雷同,缺乏独特的多元化特色。大多数高校的教学计划缺乏对学生个体需求的考虑,仍以教师为中心,推崇教师主导式教育。此外,一些课程重复度较高,但仍要求所有学生必修和参加考试。一些备受学生青睐且对培养学生能力有帮助的课程(如方法技能类课程)安排得较少。一些课程内容过时乏味,却难以被淘汰。就某种程度而言,全面型人才的培养受到课程设置局限性的制约。

3. 学分制和选课制

目前,几乎所有高校都采用了学分制和选课制,这些制度充分考虑了学生的个性差异,让他们自主选择自己感兴趣的专业、课程和教师等。然而,学分制和选课制在现实中却很难实施。学生仍然需要面对一大堆必修课程,且课程安排得十分紧凑,几乎没有机会去选择自己感兴趣的选修课程,更不可能系统地学习其他专业的课程。选课的实质是选择时间,没有充裕的时间也无法完成选课过程。此外,选修课程的流动性和灵活性不足,这是教师资源稀缺、教学计划缺乏弹性以及落后的教学管理方法等所致。由于学生的选课范围受到严格的限制，因此他们难以展现自己独特的个性特质，这也会影响他们的学习成果。

4.教学组织形式

目前，高校的教学组织形式存在着单向性和封闭性的难题，教学活动的安排方式呈现出自上而下的控制模式，且非常烦琐。院系几乎只能按"规定"操作，上级教学主管部门习惯于"报批"，院系只得"服从安排"，这使得院系管理的主动性和创新精神越来越低。虽然现代知识融合程度已经很深，但高校院系之间的教学活动仍然相对封闭，缺乏专业和学科之间的交流和融合，也缺乏相互补充和兼容的机制。

（五）高校教学管理评估体系不健全

教学质量评估是教学管理改革中的关键措施之一，其作用不仅在于监督课堂教学质量，更重要的是可以鼓励教师发挥教学潜力，促进教学效果的提升。随着素质教育的推广和高等教育治理机制的改革，应该进一步完善教育质量评估体系。现今高校教学质量评估正面临着。评估的认识存在偏差、评估功能和模式单一、评估技术水平不高、对教育评估缺乏再评估等问题。

三、我国高校教学管理制度建设策略

（一）重构高校教学管理组织

教学管理组织是一个有多个目标、多个层次、活动开展有多种顺序的复杂系统。在教学管理组织中，鼓励团结协作和共同合作的集体精神是至关重要的。因此，在构建教学管理组织时，协作应该被视为首要基础。需要特别强调的是，学校领导团队成员和教学实施团队成员之间必须紧密合作。

在高校教学管理组织的重构过程中，应该强调"以人为本"的管理理念，要把个体视为组织中最关键的因素，并确保每一位教职工的合理需求都得到充分关注和满足，从而激发他们投身教书育人工作的积极性，实现人才价值最大化。为此，需要从以下两个方面入手。

首先，将教学管理的核心责任下放到各个具体机构，如学院、系、部门、研究中心等，使它们成为教学管理的实际组成部分。这种方式可以有效地激发学科带头人、教学骨干和科研人员的积极性和创造力，使教学成为学校工作的核心。聚焦在从事教学和科研工作的教师身上，进一步凸显教学的重要性。

其次，应该重视并加强教学管理组织的自我监督。

此外，应重构高校教学管理组织，建立网络化的组织结构。高校教学管理组织已经受到网络技术和媒体技术的广泛运用的影响。教学管理组织网络化，可以打破教学与其他组织之间的时空壁垒，推动教学管理向更加开放的方向发展；可以减少教学管理的层级，并丰富教学管理组织的信息资源；促进自主型组织结构的形成等。自主型组织是指无论在什么条件下，都能根据学校目标调整自己行为的具有自我激励、自我约束、自我发展和自我调控功能的学校组织。通过网络组织和优化管理方式，可以转变管理理念，激发管理对象的主动性、强调社会的多样性，同时可以从客体管理走向主体管理。在具体的教学管理过程中，这种转变意味着不再只关注知识和劳动技能的培养，而是要提高学生的素质，培养他们新思维，使他们学会求知、学会做事、学会共处、学会做人，充分发挥自己的潜能，成为21世纪学习型社会的主导力量。

（二）完善高校教学管理体制

1. 充分发扬民主，权力重心下移

随着高校内部权力结构调整的必要性日益凸显，各项改革措施，如分配制度、用人制度、领导决策制度、组织机构的调整等，都必须进行全面展开和推进。权力结构指的是在管理不同阶层利益群体和高校内部时，权力的分配和相互作用的关系。

（1）从高校内部横向权力结构进行分析。第一，改革的目的在于强化高校学术民主管理，让教师拥有治学和参与决策的权利。高等教育系统学科是决定高校学术活动内在逻辑的基础，个人与系统的权利都建立在其基础之上。目前，我国高校的学术管理几乎由行政部门独自决策，而非通过学术民主决策。这种情况使得许多教师对学校的目标和任务不感兴趣，缺乏对学校的认同感，这进一步导致了学校凝聚力和活力不断降低，影响了学校提高生产力的能力。

第二，应当合理分配决策权和执行权，建立完善的决策机制和执行机制。目前，高校的管理者同时承担决策和执行的职责，缺乏适当的分离，导致出现了两种情况：一方面，教授必须担任某个行政职务才能参与管理。另一方面，在推行学院制时，学校遇到的难题之一是系部的职能会重点放在教学和科研上，而不涉及行政管理事务。在实际执行时，系主任常常会受到权力限制，甚至不愿意承担这一职责。教师参与行政活动的重点在于发挥监督权和参与决策权，而非必须承担特定行政职务。因此，在高等教育机构中应设立并完善具备决策、咨询审议和监督职能的机构，赋予各机构应有的职能，同时应强调并承认教师参与管理和监督的权利。

第三，权力一定要适当地分散，以确保权力在各个利益群体之间实现平衡分配。我国很多普通高校的决策机构缺乏多元化的代表性，既未充分融入教职工的看法，也未吸收社会各界人士的参与。我国高校可以借鉴美国大学董事会、英国和法国大学理事会以及日本筑波大学评议会等的做法，让各利益相关方参与高校的决策过程。实施这一举措可以展现高校教学管理的民主化特点，提高决策的公正性和有效性。

（2）从高校纵向权力结构进行审视。许多高校已经改革并实行了校、院、系三级管理体制，但高校如何平衡校级和院级之间的权力分配仍需要进一步研究讨论。在学校规模不断扩大的情况下，管理权力却过于集中在高层，为了让院系成为相对独立的教学单位，有一定的自治权，进而增强基层的适应能力和自我发展的推动力，需要下移权力重心。一个学校的整体特色应建立在不同院系的独特之处上。学校需要适当下放行政和学术权力，如基层学科和课程的调整和设置、科研项目的管理、教师的聘用、资源的分配以及人事方面的决策权，这些权力应该下放到院系一级。

2. 管理的专业化水平

现代高校的组织架构变得越来越复杂，其功能范围也不断扩大，已深入社会各个领域，这导致高校管理变得越来越专业化。为了确保教学高效、规范和系统化，高校教学管理要更加专业化。对此，高校应从以下几个方面加以推进。首先，应该树立起"管理是科学、管理出效益、管理是生产力"的思想。其次，高校应当按照学习型组织的原则对组织架构进行改革，以确保管理者和组织成员可以接受与其职位相关的专业管理知识和能力的持续培训，重要的是提高管理的专业化水平。最后，要找到一个恰当的平衡点，以平衡高学历和专业化之间的关系。注重提升管理者的学术素养和职称水平，强调学历不是唯学历主义，而是要求管理者有较高的专业化水平，掌握与时代发展相适应的知识与方法，从而在教学管理中更好地发挥自己的专业水平和重要作用。

（三）建立高校教学质量的评估制度与监控体系

随着我国高等教育不断深化改革，各大高校在规模、学科和专业设置等方面都有了空前的进步。各大高校正在努力推进教学改革和管理，以培养高素质人才为目标。因而，高校须制定一套科学、规范的教学质量评估机制和监测体系，以确保教学水平不断提高。唯有建立全面、富有活力的教学管理体系，才能最大限度地激发教师在教学工作中的热情和创造力。

现代教育理论提出建立教学质量评估和监控机制，目的是通过科学评价教学质量，发现影响因素，并提出有针对性的改进措施，从而持续推进教学质量的提升。针对这一问题，需要树立全面的教学理念，引入监测机制。这种理念不仅关注形成性和诊断性评估，还关注终结性评估；除了强调目标性评估外，还注重条件性和过程性评估。通过将过程管理和结果管理有机结合，运用多种反馈信息、科教理论，全面、深刻地了解各种影响教学质量的因素，认识到建立教学评估和监控体系对提高教学质量的重要作用。

要逐步淘汰经验主义和简单化评估，在教学管理过程中建立科学的教学质量评价体系，以实现科学化管理。教师可以通过建立教学评价体系获取有用的反馈信息，以此来改进教学工作并提高教学质量，有效地促进教学工作的发展。高校一直以来都在关注教学质量这一问题，并通过评估教学质量来建立全面且科学的管理体系。这样可以使管理工作从教育理念到具体操作方式都能够关注到学生和教师的发展。虽然提高教学管理水平的方式不止这一种，但是一个完备的教学质量监督体系可以加强高校对教学质量及其相关因素的理解，从而保证教学工作有序推进。

第三章　新视角下的高校教学管理

本章的主要内容为新视角下的高校教学管理，分别从高校教育教学的管理创新、高校教学管理信息化建设、全球视角下的教学管理与模式三个方面进行了介绍。

第一节　高校教育教学的管理创新

一、教育教学管理创新

（一）更新教学观念

1. 探索革新教育流程

实践是指借助有组织的实践活动对理论知识如自然科学、人文和道德等加以融合，以加深理解并提高技能水平。高校可将科学教育和人文教育相融合，并将实践教育纳入人才培养的全过程。学生通过这种做法可以获得更多的实践经验和培养创新意识，同时也能提高自身的人文素养和科学水平，以更好地适应社会的需求。为了促进学生积极参与创新创业活动和深度实践教育，高校应该建立一套全新的激励机制，并为此提供全面支持[①]。

2. 树立以生为本的教学理念

在教学实践中，教师需要充分考虑学生的主观能动性和价值，引导他们发掘自身的潜能，促进人格的全面发展与塑造。为了促进学生全面、均衡地发展，教师需要考虑三个因素：学生的个人意愿、社会的人才需求、学校的积极引导。只有在这三方面协同作用的前提下，教师才能帮助学生在知识、思想、道德和身心

---

① 姚会彦，陈炳，高猛.高校日常教育管理新论：基于交叉思维的专题研究[M].杭州：浙江大学出版社，2013.

健康等方面全面成长，助力他们成为未来的人才。这种教学理念应该在高校的各个方面得到全面贯彻和落实。高校应采用灵活的教学计划，引入学分和主辅修制，以便学生自由选择所学的课程和学习时间。同时，注重培养学生的创新和实践能力。教学的主要目的是服务学生，教师应该确保学生的需求得到满足，并把他们放在教育的中心。在教育领域，应推崇以学生为主体的教学模式，由教师担任引导者的角色。针对传统的知识灌输型教学，需要采取一系列措施，让教师的教学方式变得更加现代化、更加注重研究性，同时也要引导学生从被动接受型学习转变为研究性学习。

3. 采取灵活多样的教学组织形式

为了更好地培育学生，应该通过灵活多样的教学组织形式来进行课程教学，也应该创新教学方式，将发掘学生的个性作为教学重点，并激发和引导学生进行探究活动，从而达到让学生学会自主学习的目的。这种做法不仅仅是为了传授学生知识，更重要的是培养学生的自主认知能力，提升学生的综合素质。此外，还应改变教学方式，从以教师、课堂、书本为核心，转向采用鼓励师生互动的教学方式；激发学生的主动性和增强学生的合作意识，引导他们深入探究专题内容，并鼓励他们独立思考和发展批判性思维，从而培养他们的探索精神；注重创新教育方式及进行个性化指导，促进学生与教师之间加强交流与互动，使学生在日常学习中受到潜移默化的影响和教育；着重强调学生自己动手实践的价值，同时为学生提供实践平台，并积极鼓励学生参与科学研究实践，这样可以创新课程教学方式并激发学生的学习热情。通过这种方式，不仅可以提高教学的生动性，还可以帮助学生发展获取新知识、分析和解决问题以及进行交流和合作的能力。

4. 树立因材施教的教学理念

因材施教是指针对每个学生的个性差异采取有针对性的教学手段和方法，为每个学生量身定制适合他们需求和潜能的教育方案。教育公平的关键之一是确保每个学生都能够接受最适合自己的教育，而不是简单地追求每个学生获得相同程度的教育。因材施教的原则能够更好地考虑学生的差异性和个体需求，帮助他们充分发展潜能，获得更好的学习成果。人们必须深刻认识到，在教育活动中，学生占据着核心地位。每个学生都是一个独立的个体，具有独特的个性。

5.构建高校教育教学质量保障体系

高校教育的授课水平与个人全面成长以及经济社会发展息息相关。为保障政策法规的落实，应当构建高校教育教学质量保障体系，包括明确的政策法规、规范的管理程序和责任分工。同时，建立一个独立且具有权威性的高校教育教学质量评估机构，负责监督高校教育教学质量。另外，制定和完善高校教育教学评估政策，确保评估指标科学合理、评估方法先进有效，同时鼓励高校积极参与评估工作并公示评估结果，使社会能够更好地发挥监督作用。

综上所述，应当进一步推进高校教育教学的改革与创新，优化高校教育教学的组织结构，不断提升高校教育教学的水平，以助力每个学生全面成长，同时确保高校教育教学平等公正。

（二）形成办学特色

1.教育教学创新，培育办学特色

每所高校都应该拥有自己独特的教育思想和教育教学理念，而教育思想和教育教学理念是高校办学的核心，它需要与时俱进，不断适应社会需求和教育发展的变化，并通过创新的办学模式和方法实现教育目标的优化和人才的全面发展。在推动教育教学创新的过程中，高校可以积极借鉴国内外的先进经验和理念，探索适合自身条件和特点的教学模式和方法。此外，建立健全评价机制也是促进教育教学创新的重要一环，可以为创新提供反馈和指导，确保创新的有效性和可持续性。[1]

2.建设学科特色，促进办学特色

在高校办学特色的形成中，学科特色建设起着至关重要的作用。高校的主要职能之一就是学科特色建设，而学科特色建设的水平直接决定了高校在人才培养、科研以及服务社会等方面的质量。此外，学科特色建设的水平还决定了高校的特色和师资队伍的素质，对于提升学校的服务水平和办学层次具有至关重要的作用。此外，高校的核心竞争力包括许多方面，其中学科特色是高校办学特色的重要组成部分。

---

[1] 丁家云，瞿胜章，艾家凤.应用型本科高校教育教学研究[M].合肥：中国科学技术大学出版社，2016.

高校需要注重学科建设的精细化和专业化，而非追求学科规模、广度和更新速度。高校应该依据各自的实际情况，打造具有优势和独特特色的学科，并利用这些学科的"品牌效应"来提高办学水平和知名度。可以说，一所高校可以以其学科优势铸就学校特色。

3. 发扬高校精神，形成办学特色

高校是一个自由开放的思想高地，其目标在于启发人才、提高个人素养、持续提高道德水平，同时也是探究学术真谛的理想之地。高校精神是一种心理状态和文化立场，指在高等教育机构里专注于学术研究和知识获取的态度。高校精神是在长期的办学实践中，由学校所有成员一起共同创造、传承和逐步发展起来的一种精神理念，得到了所有成员的认同。它展示了学校源远流长的历史和独特的文化特征，具有学校的信仰与品质，并代表了学校的精神风貌和辉煌成就，同时也是学校全体成员的信念支撑。高校精神是高校的灵魂和价值追求的体现，它是一种高度抽象的思想信仰和行为标准。高校学生的行为方式和未来的发展方向受到高校精神的深刻影响，其影响程度好比个人品格对个人行为和未来发展的影响。高校的精神是高等教育机构的生存、成长和发展的基石，也是高等教育的核心和本质。高校的活力根源在于高校精神，这种精神象征着高校长期以来所传承的优秀传统文化。高校精神体现了高校的群体思想和形象，反映了高校的实力、凝聚力、吸引力和生命力，是高校特有的文化标志。高校应该设计与其特色和实际相符的教育理念和实践，以促进高校文化的建设和发展，并创造一种具有独特教育特色的持续教育模式。

（三）推进师资队伍建设

高校应逐步取消行政级别，精简管理机构，压缩行政费用开支，使教师真正在高校中处于主导地位，同时进行师资队伍建设。教育是百年大计的基石。教育的主要任务是培育好下一代，而教师是实现这一目标的关键人物。教师肩负着塑造生命、塑造新人的时代重任。一所学校拥有许多优秀的教师，是一种值得骄傲的荣耀；而一个国家不断涌现出一批又一批优秀的教师，则这个国家的未来充满希望。为了实现国家的强盛和民族的振兴，同时促进教育高质量发展，人们需要致力于培养一支高素质的专业教师队伍，这支队伍需要具备高尚的道德、熟练的技能、完整的结构以及积极进取的精神，同时也需要涌现出一批优秀的教育工作者。

1. 优化高校师资队伍结构

高校的师资队伍结构由许多要素构成，包括教师的学历水平、职称资格以及年龄等因素。这些要素能够客观地反映出教师队伍的素质、实力和学术水平等关键信息。

近几年，我国不断大力推进多项培养高端人才的计划，如"高层次创造性人才工程""高校青年教师奖""骨干教师资助计划""硕士课进修"等，旨在为国家培养一支高素质、专业的人才队伍。高校需要进一步增强吸引骨干教师和杰出学科领袖的能力，以加强高水平的带头人团队建设。对于高水平职称获得者和某一领域的专家，以及人才短缺领域的从业者，应当为其提供一系列政策上的优惠措施。同时，也要有针对性地吸引高层次的人才，以便让高校师资队伍结构比例更加合理，符合学科发展的需要。除此之外，高校还应实施切实可行的计划，以吸引高学历的人才加入，提高教师队伍的学历层次。高校应不断强化优秀人才培育计划，吸引来自不同地区和高校的人才，构建各学科专业教师的整体知识架构，促进高校师资队伍的结构协调发展。

2. 提高高校教师综合素质

高校的教学创新与发展离不开素质优良的教师队伍。高校的教学质量直接取决于教师的水平。随着高校教育的迅猛发展，其对高校教师的素质要求也越来越高，教师需要在教育教学方面拥有更先进的理念、更广泛的知识储备和更多样化的教学技巧。教师应具备全面的素质，包括熟练使用现代信息技术及教育手段、创新教学方法与完善科研模式，要注重理论和实践的结合，积极服务社会，同时拥有较强的社交能力。要建立一支素质高、学术造诣深厚的教师队伍，这是高等学校面临的一项很重要的任务，具有一定的挑战性。要想提高高校师资队伍的综合素质，就必须以师德建设作为主要任务。教师队伍建设的重要基石在于教师的道德素养。不断提升教师的道德素养，是贯彻党的教育方针和政策的基本保障，同时也是培养高素质的社会主义建设者和接班人所必需的条件。高校师资队伍建设应始终坚持"以人为本"的原则，且牢记"师德兴则教育兴，教育兴则民族兴"的爱国主义教学理念。

（四）创新课程体系及教学内容

1. 课程体系创新

首先，需要对学科专业课程进行优化和调整，以满足不同学生的学习需求和发展需要。为了培养多元化的人才，高校可以采用不同的教学方法，包括主辅修、双学位、定向培养、中外合作办学等方式。这些教学方法不仅有助于提升人才培养质量，同时也有利于培养更多的优秀人才。其次，需要重新规划课程结构，突破传统的单一课程形式，如科目分类、地区差异和强制性课程，以此提升课程体系的优越性。课程规划应该考虑综合课程、必修课程和选修课程的平衡，同时注重培养学生"本科规格+实践技能"的专业素养。同时，必须尊重学生的个体差异，重视以下四个方面的整合：理论与实践、人文教育与专业课程教学、课内与课外、校内与校外相结合。这样的课程体系有助于促进学生全面发展。学校的培养重点应该放在提高学生的文化素养和创新素质上，同时加强学生的基本技能、通用技能、专业技能和综合能力的培养。

创新课程体系是以综合实践的方式为学生提供相对独立的、有计划的研究性学习、设计性学习、体验性学习、实践性学习、反思性学习和生活性学习等学习机会，让学生从现实生活中自主选择研究课题并通过对开放性、社会性、综合性和实践性问题的探究，形成自己独特的学习方式，从而培养创新精神、探究能力、开放性思维、社会实践能力和社会责任感。同时，创新课程体系也是一种创新性理念，指在开发与实施一门课程的过程中除了设置综合实践课程之外，应在具体实践中对原有的所有课程科目都设置一些必要的干扰性因素，并通过课程内容的复杂性、模糊性来增加课程的难度，以培养学生的探究能力。

2. 教学内容创新

根据"厚基础、宽口径、强能力、重质量"复合型人才培养原则，重新规划和设计教学内容和课程体系，注重培养学生的广泛知识基础、广泛学科背景、综合能力和素质。为了优化教学模式，高校应重新规划、设计教学内容和课程体系，通过设置"专业必修课程""专业选修课程""学科必修课程""公共必修课程"和"公共选修课程"五种课程体系，调整课程编排方式，以适应专业学科的需求。为了保持学科专业设计平衡，高校可以将课程分为四类：学科专业课程、新型公共基础课程、文化素质教育课程和实践性教学课程。另外，高校还应增加选修课程的数量，降低必修课程的比例，并对公共课程进行分级和分类授课。

厚基础教育是指在教学过程中应该努力确保学生在学科基础、专业理论知识、基础技能和实践应用能力方面获得全面的提升。为此，教师需要加强基础知识的教学与训练，并设计和实施高质量的课程。厚基础教育强调学生将实践与学习相结合，掌握理论知识、技能和方法；使学生将所学知识应用于实践中，增强他们的实践能力和应用能力。在课程设置方面，应重视提高那些基础扎实、应用领域广泛的学科专业基础课、主干课和专业课的质量，以符合国家精品课程建设标准。

宽口径教育可以帮助学生拓宽学科视野，提高综合素质和适应能力。通过深化专业课程融合、设置跨学科课程和注重学生选择权，宽口径教育可以培养具备广泛知识背景和多元思维能力的高素质人才。同时，它也能够提供更多的选择机会，使学生能够根据自身兴趣和发展目标进行深入学习，从而更好地适应职业发展需求和社会需求。这种方式有助于扩展专业知识领域和加深对知识的理解，从而全面提高综合素质水平。

强能力、重质量就是从促进学生全面发展、提高学生综合素质出发，通过采用基本形式如分析、模拟和教学等，来开展实践教学，以此来强化课堂内外的实践教学环节。高校还可以通过开展社会实践、组织社团活动以及专业实习等实践性活动，培养学生的实践操作能力和实际解决问题的能力。注重学生品格的培养和潜力的挖掘，并致力于培养学生的调查和分析技能，帮助学生建立并养成善于客观分析的良好习惯，最终成长为具备较高水平和素质的人才。

二、高校考试管理创新

在高校教育教学中，课程考试是必不可少的环节，它有助于检验和反馈教学效果，维护教学秩序，确保教学质量；它还是维护教学秩序和确保教学质量的关键措施之一。因此，需要探讨如何使高校课程考试管理更加科学、规范和合理，这是高校教学管理工作中必不可少的重要组成部分。

（一）高校课程考试管理运行条件

1. 素质优良的考试管理队伍

要确保考试质量、提高考试效率和效益，需要打造一支高素质的考试管理团队。考试管理系统的运行流程涉及三个部分：考试行政队伍、考试业务队伍、考试科研队伍。

通过合理组织和协调考试管理团队的工作，确保考试行政队伍顺利开展各项任务，可以有效提高考试管理的水平和效率，进一步保障考试的公正性、准确性和可靠性。

2. 考试规范、考试程序和考试控制

基于考试需要遵循一系列方法和原则，旨在确保考试顺利进行，并维护考试的权威性和公正性。考试规范是考试参与者应该遵守的行为准则和考试过程中必须遵守的规则，它对于考试的顺利进行起着重要的作用。这些规范包括了考试的所有方面，如考务规程、命题细则、监考守则、考场规则、评卷实施细则、考试信息管理规定、保密规定、违纪处罚规定等。考试管理的每个环节都需要严格把控，以确保考试程序的严密性和规范性。科学的考试控制标准涵盖了考试的方方面面，包括考题设计、实施、评分、分析反馈以及考务人员的分配等重要环节。同时，还需对考试结果的分析和处理做出科学合理的规划。制定考试数量标准时，需要考虑到考试科目的种类、考场的布置、试卷的格式和分数设定、试卷的印刷和分发工作、考试过程中人员的配备，以及阅卷人员和设备的配置等多个方面的规定。科学设置考试编号和编排考场，规范管理考点和考场，合理配置人员，严格控制考试过程，精心编审高质量试题和试卷印制，统一规范试卷分装方式，准确有效地进行评分、计分、登分和核分，确保成绩可靠、有效、公正。

3. 良好的信息传输与反馈机制

即使使用最先进的技术和最先进的统计方法，如果信息反馈不清晰，也无法成功管理考试流程。从考试全面性的角度来看，对考试质量进行分析是提供信息反馈的主要方式之一。清晰的信息反馈为教师提供了检视和反思教学的机会，有助于提高教学质量和学生学习效果。通过科学的分析和评估，可以及时发现问题并采取适当的措施。同时，学生也能够了解自己的学习情况，找出自己的不足之处，并加以改进。因此，信息反馈在考试管理中具有重要的作用。

（二）高校课程考试管理改革的对策

高校课程考试管理可以看作是一个封闭的系统，其中各个因素之间相互制约、相互影响。在进行改革时，采用系统论的概念和技术可以帮助人们更好地理解和处理这些内部因素的相互作用。

1. 推进考试观念的深层次转变

要推进高校课程考试管理改革，需要改变高校领导、教学管理人员以及学生对课程考试的看法，并提高对考试的认识和理解，这是实现改革的必要条件和基础。重要的是，高校的领导、教师和教学管理人员应该意识到考试是一门科学，它有着自己的理论、规律、方法和技巧。只有深入了解和掌握考试科学，才能在课程考试中准确有效地应用这门科学，提高考试的质量和效果。考试管理是一个系统工程，涉及考试的效果和人才培养的质量。考试活动作为一门科学，考试管理活动是其不可缺少的一部分。因此，可以说考试管理是既涵盖科学又集成系统工程的一个领域。此外，要求掌握该学科所有领域的知识，了解该系统工程的特性、操作规则、控制理论和技巧等方面的细节。只有这样做，才能确保课程考试的安排和执行具备科学性和有效性。

2. 建立考试中心，完善考试管理规章制度

为了实现系统化、规范化的考试管理，设立完善的考试管理机构是很有必要的，为了确保考试顺利举行和提高考务人员的业务水平和考试管理质量，高校可以设立考试中心，以便集中管理各类课程考试。这样做可以让考试变得更加系统化。考试中心承担着高校考试的全面管理工作，其职责和任务如下所述。

（1）统一规划、组织和实施高校的课程考试。在传统课程考试模式下，高校在考试方面往往有一些公共规定，但具体的命题、制卷、施测、评卷、登分等工作则由各个教学单位自主负责。此外，对于考试的总结和评估，不同高校的处理方式可能有所不同。为培养出卓越的人才，需要设计高标准的课程测评系统。这一系统工程需要科技的支持，并应由学校或考试中心统一协调、组织和管理，以确保其一致性和高质量。

（2）建立、完善课程考试管理规章制度。课程考试的根本目的是帮助学生

学习和成长发展，通过科学严密的考试及管理以实现这一目标是非常重要的。通过建立科学严密的规章制度、严格执行考试规定、采用科学技术手段、坚持质量导向和不断改进与创新，高校能够保证课程考试的科学性、公正性和可信度，进而为学生的学习和成长提供有力支持。

（3）承担考试管理方面的人员培训任务。一般情况下，监考人员只会在考试临近前暂时兼职。为了确保监考人员理解并准确执行各项考试规定，以高度负责和认真的态度对待所有考试，对其提前进行培训是非常有必要的。这样的培训可以帮助监考人员了解自己的职责和任务，并熟悉相关的考试规定和条例。通过培训提高他们的专业素养和管理能力，以确保考试过程公正、规范和有效。

3. 培养和建设高素质的考试管理队伍

要实现有效的考试管理，需要培养和建设一个高效的管理团队，并且需要制定严格的法规以保障考试管理的有效性，同时建立完善的机构在组织层面保证考试管理的顺利实施也是非常关键的。校内考试是教学中的一项重要环节，相对于社会考试而言规模较小，它只是学校工作的一部分，且时间上不连续。虽然如此，高素质的管理队伍仍然是必需的，以确保课程考试管理的有效实施。因而，高校需要重视培养和建设课程考试管理队伍。课程考试管理队伍包括：①科研队伍。从考试管理的实践经验可以看出，科学的考试理论指导对于加强考试管理至关重要。在现今的考试管理中，科学化的管理理念、方法、技巧和工具变得极为必要。只有进行有目的的调查研究，加强对理论、技术、方法等方面的管理，才能确保考试决策更加科学化，并充分发挥考试的作用，促进学校的发展。②行政队伍。考试行政队伍的各项职能和目标能否成功实现直接取决于考试行政队伍的素质。考试行政队伍的素质包括知识水平、技能和态度等。通过优化考试行政队伍，可以提高他们的素质和能力，进而提升考试管理工作的质量。③业务队伍。考试业务队伍由各个专业团队组成，各自履行职责以确保考试的顺利进行。一般情况下，在考试结束后，这些团队会暂时解散。它具体包括命题队伍、实测队伍、评卷队伍及评价和监督队伍。

4. 实施科学的教考分离

教学管理中所采用的教师与考核分离的制度是一种现代化手段。教考分离是指将教学和考试分开进行的做法。改变传统的由教师本人出题并打分的做法，改为从标准试题库中选出试题组成试卷，或者由经验丰富的非任课教师按照教学大纲出题，然后由教学管理部门组织考试和批改试卷。这样的改变旨在提升考试质量与水平，并为准确评价学生成绩、评估教师教学水平以及制定教学管理决策提供充分支持。教考分离确保了考试的客观性和准确性，同时也能更全面地评估教师和学生的表现。在实施教考分离的过程中，教师和学生都能得到全面的进步和发展。教师可以更好地实践引领学生、激发学生兴趣的教学理念，而学生则可以更积极地参与学习活动，不再承受为应对考试而学习的压力。

5. 考试方式多样化

高校应鼓励教师选择灵活多样的考试方式，在强调课程重点的基础上，以确保考核方式与课程性质相符。在高校中，有以下七种考试方式可供采用：①闭卷考试。这是一种常见的考试形式，指学生在考试期间没有参考资料和其他辅助工具的情况下，仅依靠自己的记忆、理解和应用能力来回答问题的考试。②开卷考试。这是一种与闭卷考试相对的考试形式。在开卷考试中，允许学生在考试期间参考教科书、笔记和其他辅助资料。根据允许携带和查看的资料的限制情况不同，可以分为三类：全开卷考试、有限开卷考试或一页纸开卷考试。允许考生在考试过程中携带和查阅任何资料的考试被称为全开卷考试；在有限开卷考试或一页纸开卷考试中，允许考生携带指定的参考资料或一页纸笔记，以供在考试中查询并使用。③口试。这是一种常见的面试考核方式，也被称为答辩考试。④成果考试。这种考试更加注重应试者的综合能力和实际操作能力。它能够更好地评估应试者的能力和技能，以及其在实际应用中的表现。⑤操作考试。操作考试主要评估学生在实际操作中的技能和能力。它要求学生在一定的环境和条件下完成特定的任务或操作。具体测试方式包括实际操作和模拟操作等。⑥计算机及网上考试。这是一种在电脑上完成的考试形式。⑦观察考核。观察考核是一种通过对学生一定时期的观察来评价其能力和表现的考核方法[1]。

6. 网络化考试

21 世纪是知识和信息爆炸的时代，高校教育的课程和考试应随着时代的变化而不断更新。我们应该积极利用网络资源，为考试管理注入更为严谨、科学的元素。这既要确保考试的正规性和认真性，同时也要提供更加灵活、多样和开放的

---

[1] 段辉军.高校课程考试管理研究[M].北京：中国纺织出版社有限公司，2019.

考试管理方式。为了提高教学质量，需要激发学生的学习兴趣和好奇心，让他们在相对轻松的学习氛围中通过积累知识提高分析和解决问题的能力。

第二节 高校教学管理信息化建设

一、信息化教学

（一）信息化教学的概念

信息化教学是基于现代信息技术，旨在推动学生全面发展、个性发展和创新能力的培养。它强调以人为本，关注学生的综合素质，采用灵活的教学方式和个别化教学，构建基于技术的教学模式，注重综合评价和过程评价。通过信息化教学，可以有效适应现代社会对教育的发展需求。

信息化教学关注学生的全面发展和个性发展，教师不再是传统的知识传授者，而是学生的指导者和引导者。信息化教学将根据学生的学习特点和需求，提供个性化的学习资源和教学方案，激发学生的学习兴趣和潜能。

信息化教学采用灵活的教学方式和多样化的教学模式使学生在教学过程中不再被动接受，而是积极参与其中。信息化教学通过多媒体技术、互联网资源、虚拟实验等手段，可以创造丰富多样的教学情境，提高学习的效果和效率。

信息化教学注重综合评价和过程评价。除了考试成绩，学生的学习表现还包括参与度、合作能力、创新能力等。通过技术手段记录学生的学习过程，并通过多样化的评价方式进行评估，可以更全面地了解学生的学习状况和发展需求。

（二）信息化教学的特征

信息化教学的主要特征包括数字化、网络化、智能化、多媒体化、教材多媒体化、资源全球化、教学个性化、学习自主化、活动合作化、管理自动化和环境虚拟化。数字化要求教育媒体设备易于使用且可靠；网络化使教学不受时空限制，促进信息共享；智能化强调人性化和自然的人机交互；多媒体化要求信息多元化且虚拟化；教材多媒体化使用多媒体技术展示结构化、动态化、形象化的教学内容；资源全球化利用网络分享全球教育资源；教学个性化提供智能导师系统根据学生需求进行个性化教学；学习自主化强调学生主动建构知识；活动合作化通过网络合作和计算机协作实现学习合作；管理自动化利用计算机管理教学过程和任务分配；环境虚拟化允许教学脱离空间和时间限制。这些特点共同推动了信息化教学的发展，提高了教学的灵活性以及个性化和智能化水平，并显著提升了教学效果和学生学习质量。

（三）信息化教学的特点

1. 信息源丰富，知识量大

现代教育技术手段为课堂教学拓展了全新的学习空间，丰富多样的教学信息使得课堂变得生动有趣。学生不再局限于依靠教师和课本来获取知识，而是通过运用多种媒体不断拓展知识范围，丰富他们的感官体验。这种方式不仅能提供优质的学习环境，而且能协助学生更好地理解和掌握学术内容。此外，教学媒体的应用也使学生能够从丰富的学习材料中获取所需信息，培养他们灵活运用知识的能力。通过创造多样化的学习环境，现代教育技术为学生提供了更灵活、更丰富的学习体验，让他们能够更好地掌握所学知识。

2. 有利于实现个别化教学

计算机的交互性为学生提供了个性化学习的机会。多媒体技术使学习内容更立体。学生能够自主选择学习内容的难度和进度，并与教师及同学进行实时的交流和互动。引入现代信息技术的教学环境中，学生可以从传统的以教师为中心的教学模式中解脱出来，成为学习的积极参与者。学生在学习过程中能主动获取知识、处理信息，从而促进自身个性与特长的发展。

3. 能够促进学生间的互动互助

计算机网络为学生提供了实时交流和互动的机会，使学生能够共享掌握的资源与知识，学生可以通过使用协同学习工具合作完成学习任务和项目，同时网络可提供虚拟的角色扮演和竞争环境，打破空间和时间的限制，为学生之间的协作互助提供必要的条件，有助于培养学生的团结合作能力，营造和谐融洽的共同学习的氛围。

4.学生创新精神的培养和信息能力的发展

多媒体的超文本特性与网络特性的融合为学生创造了理想的学习环境,因特网通过提供丰富的信息资源和超文本结构的组织,帮助学生获取、分析和处理信息。因特网作为全球最大的知识库,为学生提供了自主发现和自主探索的机会,有利于培养学生的发散性思维和创造性思维。

(四)信息化教学的要素

1.媒体

媒体因素主要指现代教学媒体。现代教学媒体是利用现代科学技术成果而发展起来的,并被运用到教学领域。数学领域的电子传播媒体主要有录音、幻灯、投影、录像、电视、计算机等教学媒体以及这些教学媒体相互组合而成的教学媒体系统,如视听阅览室、微格教学训练系统、语言实验室、闭路电视系统、计算机网络教室、校园计算机网络系统、多媒体综合教室等。

2.教师

随着现代信息技术的发展及其在教学中的广泛应用,教师所扮演的角色也产生了很大的变化,同时面临着新的挑战,这要求高校教师在信息化教学环境中要具有相应的教学能力,如掌握现代教学理念、具备信息化教学能力。信息化教学能力主要包括信息素养(信息意识、信息知识、信息能力、信息道德)和信息化教学设计能力。

3.学习者

信息技术在教学中的应用为学习者的学习提供了很多便利,同时对学习者提出了更高的要求,主要表现在以下三个方面。

第一,学习者的学习方式要多样化。在现代信息技术的支持下,学习者的学习方式从过去的被动接受转变为合作学习、自主学习、探究学习等信息化学习方式。

第二,学习者要具备较高的信息素养,能够从大量的信息资源中找寻所需的信息,并对信息进行加工、整理、保存。

第三,学习者要具有自主学习能力。

4. 教学内容

现代信息技术的出现和现代教育媒体在教学中的应用使得教学内容具有新的特征，主要表现为表现形态多媒体化、处理数字化、传输网络化、超媒体线性组织综合化等。

（五）信息化教学的应用

1. 电子备课

教师在网络机房备课可以解决电子课件制作中资料不足、文件较大不易移动等常见问题。网络机房中包含具有大量资源的资源库，教师可在课上灵活调用资源。资源库的资源可以被共享，如学校将购买的教学资源存入服务器中，教师可共同享用。

2. 课堂教学

网络机房可有机整合多媒体教学信息，为多媒体课堂教学提供方便。在课堂教学过程中，通过多媒体形式（文本、动画、声音、视频等）传播教学信息，可充分调动学生的积极性。也可在课堂上引入其他直播课堂或教学资源。教师还可利用多媒体课堂教学对学生进行个别辅导。

3. 学生自学

学生能够利用网络机房的学习资源独立完成学习任务，这个学习环境对学生来说更加开放、自由，学生可以利用共享资源来学习更多的新知识。

4. 网络测试

教师可通过网络机房组织网络考试，实时了解学生的答题情况，然后利用相应功能来自动阅卷，向学生及时反馈测试成绩，帮助学生分析与处理其回答错误的问题，从而大大提高教学效率。

二、信息化教学资源及其管理

（一）信息化教学资源及其分类

教学资源是教育领域中至关重要的组成部分，它为学习者提供了信息、技术和环境支持。在传统教学和信息化教学中，教学资源发挥着关键作用。信息化教学资源可分为以下三类。

信息资源包括以数字化形式存在的知识、资料和媒体，这些资源涵盖广泛的学科领域和主题。通过提供丰富多样的信息资源，学习者可以通过获取和消化其中的内容来促进知识和技能的发展。

教学环境资源包括硬件设备和软件系统，它们为实施信息化教育提供了基础设施。电脑、投影仪等硬件设备，以及教学管理系统、学习管理系统等软件系统，为教师和学生提供了便捷的工具和平台，以支持他们的学习和教学活动。这些环境资源能够提供个性化的学习体验、创造互动的学习环境，使学习者能够更加主动地参与到学习活动中。

技术资源是支持信息化教学的关键手段，它涵盖了多种技术工具和应用。多媒体技术的应用使得学习者可以通过图像、音频、视频等形式更加直观地理解和吸收知识；人工智能和机器学习技术的发展使得学习者能够获得个性化的学习建议和学习路径，提高学习效果。

（二）信息化教学资源的特征

与传统教学资源相比，信息化教学资源在数量、结构、分布和传播范围、类型、载体形态、内涵、控制机制、传递手段等方面都有明显的差异，呈现出很多新的特征。

1. 处理数字化

数字信号处理是一种将模拟信号转换为数字信号的技术，它涉及声音、文本、图形、图像、动画、视频等多种信息形式的转换。通过采样和量化，模拟信号被抽样为一系列数字样本，并进行数据量化，将连续的模拟信号转化为离散的数字信号。这种数字信号具有较高的复制和传输可靠性，能够更有效地进行信息的传递和存储。

2. 存储光盘化

光盘作为一种存储介质，具有信息容量大、体积小、查询与检索速度快的特点。据研究，一张 CD 光盘可储存超过 3 亿个汉字、650 000 页的 A4 文本。此外，它还能容纳数千幅照片，并可储存长达 5 个小时的调频立体声音频以及 72 分钟的全屏动态图像。与 CD 相比，广泛应用的 DVD 光盘则拥有更高的存储容量，是 CD 光盘容量的数倍。这使得光盘在各种领域得到了广泛的推广和使用。

3. 显示多媒化

多媒体计算机技术的应用使得存储、传输和处理各种学习资源的形式成为可能，包括声音、文本、图形、图像和动画。与依赖纯文字或图片进行信息资源处理的传统方式相比，多媒体计算机技术提供了更丰富和多样化的选择，使学习资源的呈现方式更活力和多样。

4. 传输网络化

数字信息可以通过互联网进行远程传输，这使得学习者只需通过连接互联网的计算机，即可方便地获取所需的信息资源。

5. 教学过程智能化

专家系统用于教育软件中，具有实时监控、数据采集、分析和辅助等功能，旨在最大限度地利用教学过程中的信息资源。其主要目标是根据学生的个体差异，选择最适合的教学内容和方法，并提供有针对性的指导和建议。此外，该系统不仅能够识别学生的错误并找出其根源，还能够提供个性化的辅导和学习建议。

信息化教学资源的特点是数量众多、类型多样，包括非规范的多媒体内容，并且具有跨越时间、地域和学科的特性，这些资源以分布式存储的方式存在。然而，当前信息化教学资源整体上呈现出无序、缺乏结构和组织的状态，资源发布缺乏必要的质量控制。为了解决这些问题，我们需要借助智能技术，掌握识别技巧，识别高质量资源，存储真实资源，并加大质量控制措施的实施力度。

（三）信息化教学资源的管理的内容

建立专门的教学资源管理系统是一项重要的举措，它可以有效地管理和利用教育资源库，防止资源的丢失或损坏，并满足学习者的多样化需求。该系统应考虑记录教学资源的属性，包括但不限于资源的类型、作者、年份、关键词等。通过记录这些属性，可以对教学资源进行更准确的分类和归档，方便后续的检索和使用。例如，一门课程可能涉及多种类型的资源，包括教科书、视频、课件等。通过记录资源的属性，系统可以自动地生成树形目录索引，将不同类型的资源有机地组织起来，使学习者可以更快速地找到所需的资源，以达到提高教学资源管理效率和服务质量、促进教育资源的共享和有效利用的目的。

1. 文件目录管理

这种资源管理方式比较原始，但可用性较强。教育资源可以根据不同分类存储在服务器上的不同目录中，并通过计算机操作系统目录共享功能进行管理和操作。这种方式简单直观，可以快速远程访问和下载资源。然而，由于其安全性较差，容易受到病毒、盗用和破坏的影响。当资源积累到一定规模时，由于缺乏便捷的检索工具，资源的使用和管理变得不方便。

2. 专题资源网站

专题资源网站是一种针对性强的资源建设方式，包括主题学习资源库和虚拟社区资源库。主题学习资源库致力于提供特定主题的学习资源和讨论组，促进研究性学习。学习者通过这种方式可以系统地获取相关主题的信息、资料和进行讨论，深入了解和掌握该主题。

主题学习资源库的优势在于针对性和专业性强。不同于综合性学习平台，它聚焦特定主题，为学习者提供专业、深入的学习内容。同时，主题学习资源库提供讨论组，促进学习者交流、合作、解决问题，进一步提高学习者的学习质量。

虚拟社区资源库通过讨论组划分资源，用户可以分享和获取这些资源。这个虚拟社区提供互助、共享平台，传播和共享知识和经验。用户可选择感兴趣的主题，参与讨论组，分享见解和资源。虚拟社区设有板块负责人，他们整理、推荐、筛选资源，确保资源的质量和可靠性。

3. 学科资源网站

学科资源网站通过构建原始资源库来提供与学科相关的丰富资源，通过主题分类和检索功能，教师能够方便地获取和组合这些资源。学科资源网站通过构建资源库，鼓励教师分类和检索资源，以及设计特色栏目和热点专题，为教师提供方便、丰富和高质量的学科教学资源，促进学科教育的发展。首先，学科网站鼓励学科教师积极参与资源库建设，共享他们的教学经验和教学成果，为学科教育提供多样性和高质量的资源。其次，学科网站按主题分类并在主页上显示更新信息，方便教师快速查找和使用资源，并保证网站的实时性和可更新性。教师可以通过门户网站搜索资源，并在原始资源库中进行更精细的检索，根据教学需求进行灵活的资源组合。最后，学科网站设计特色栏目和热点专题，如语文作品欣赏、地理地图大全、生物环保专题、历史名人等，以此满足不同学科的教学需求，并与教学研究结合，为教师提供教学案例和论文等相关资源，提升学科教学的质量。

（四）信息化教学资源管理应注意的问题

1. 积极利用已有的教学资源

改革开放以来，我国在教育技术方面取得了巨大的发展。我国积极研制开发并制作了大量丰富多样的教学资源，如音像、幻灯和投影教材等。现在的任务是充分利用这些已有资源，并对其进行有效管理。

2. 充分体现多媒体技术的特点

在信息化教学管理中，高校应重视多媒体的作用，并为学习者创造多样化的学习环境。为了激发学习者的兴趣并促使他们积极参与学习活动，友好的交互界面是必不可少的。另外，借助超媒体或超文本链接构建多样化的教学组织形式，可以满足不同学习者的信息需求。通过采取这些措施，能够提供更为丰富的教学资源，从而提升学习者的学习效果。

3. 注意学习者特点

信息化教育的一个重要特征是激发学习者的潜力，因为学习者的认知能力不同，即使使用高质量的课件也无法满足所有学习者的需求。因此，教师应充分利用信息化工具，根据学习者的特点和需求使用教学资源，以确保每个学习者都能在学习中取得成功。

三、高校教学管理信息化现状

（一）地方高校教育信息化建设现状

信息化是推动教育现代化的必要途径，它由信息技术革命引起，并对教育各个领域产生了巨大而深远的影响。教育信息化是地方高校发展的机遇，也是竞争的有力武器。然而，目前投入的资金、人力等资源仍然不足，减缓了建设速度。因此，地方高校应当加强教育技术管理，提升教育信息化建设水平。

1. 信息化建设人力资源缺乏

教育信息化建设人员的储备和能力不足是教育信息化发展中面临的一大挑战。在教育信息化的背景下，管理人员需要具备全面的理论知识和实践经验，以便能够有效地引领和推动学校的信息化建设工作。然而,信息建设目前存在一些问题,包括部分管理人员对教育信息化概念和理论了解不透彻,缺乏正确的理论导向,导致教育信息化管理工作停留在传统模式,效率较低。普通教师的信息化素养和应用能力不足同样是制约教育信息化发展的重要因素。作为教育信息化建设的参与者,教师的信息化水平和应用能力直接关系着教育信息化的实际效果。然而,目前仍存在一些问题,比如一些学生对信息化教学的效果并不满意,主要原因是部分教师的教学素养较低和多媒体课件质量不高。通过加强对管理人员教师的培训和支持、评估和指导等,可以逐步提升管理人员和教师的信息化水平,推动教育信息化的深入发展,从而提升教育质量和效果。

2. 投入与产出效益比例失调

在教育信息化建设过程中,存在投入与产出效益比例失调的现象,主要体现在以下几个方面。

(1)缺乏全面的成本考量:在教育信息化初期,很多人只着眼于技术解决方案,而忽视了投入和成本的问题。对于前期投入巨大和不断追加的投入,缺乏清晰的预算和规划,导致投入成本过高。

(2)效果未明确定义:在教育信息化建设中,人们往往只关注教学成本的降低,而忽视了项目的目标和期望效果。缺乏明确的定义和评估指标,使得无法准确评估投入所带来的产出效益。

(3)规模经济效应未能实现:教育信息化建设只有达到一定规模,才能实现规模经济效应,即人均成本的降低。但由于缺乏对学生规模和学习效果的科学研究和评估,很难确定何时能够实现规模经济效应。

(4)资源浪费和设备更替问题:一些学校在教育信息化建设中过度投入,导致资源浪费。同时,由于技术的不断发展和设备的老化,原先投入的设备价值和使用价值都会大幅缩水,造成前期投入的浪费。

(5)不正确的应用方法:教师在教育信息化应用中存在着不正确的应用方法,如简单地将课件做成电子讲稿或幻灯片,而缺乏对课堂教学的媒体设计。这种错误的应用方法不仅影响教学效果,还会降低学生的学习兴趣和教学效率。

为解决上述问题,教育信息化建设需要充分考虑投入与产出的平衡,确立明确的目标和评估指标,进行科学的成本效益分析。同时,教师在应用教育信息化技术时应根据教学内容选择合适的媒体和方法,以提高教学效果和学生的学习动力。

3. 网络的应用效率不高

在教育信息化建设中,网络应用效率不高。这主要体现在以下几个方面。

(1)校区增多导致资源共享困难:随着学校规模的扩大和校区数量的增加,传统网络系统无法有效实现资源的共享利用,导致信息传递和共享效率较低。

(2)教务管理系统与教学脱节:一些高校的教务管理系统注重教务管理,但与教学过程脱节,这导致其教学辅助功能不足,无法满足教学需求。

(3)缺乏智能化支持:教务管理系统中的智能代理技术应用较少,无法为教务管理者提供便捷的管理工具,也无法满足教师和学生的查询需求。系统缺乏智能化支持对教务管理效率和用户体验产生了不利影响。

(4)网络安全性不足:教务管理信息系统涉及敏感信息,如学生成绩和选课密码,因此对系统的安全性有较高要求。然而,当前网络系统的安全性还有待加强,存在信息泄露和被攻击的风险。

为解决这些问题,需要加强网络系统的建设,提升资源共享和教学辅助功能,增强系统的智能化和安全性。

(二)高校教育信息化建设管理存在的问题

1. 思想认识不到位

高校教育信息化建设管理存在的问题主要包括:对其重要性认识不足、缺乏领导决策机构和总体规划、忽视教学信息化及机构设置和人员编制不到位。这些问题限制了高校教育信息化的发展。

教育信息化是推动高校教育现代化发展的重要手段,可以提升教学效果、优化学习环境、提高教育质量。然而,一些高校仍未意识到信息化在教育中的积极作用,缺乏对其发展的深入认识,导致教育信息化工作推进缓慢。

首先,高校缺乏领导决策机构和总体规划。教育信息化需要有专门的领导机构负责推动和协调工作,编制科学的总体规划。然而,目前一些高校建立起完善的信息化领导决策机构,缺乏统一的规划和指导。

其次,高校并未教学信息化的重视度不高。教学信息化是教育信息化的核心内容，但一些高校对其重视度不高。他们在教学过程中很少运用信息化手段，缺乏对教师和学生的信息化教育培训，导致教学质量和效率不能得到有效提升。

最后，高校的机构设置和人员编制不到位。教育信息化需要有合适的机构设置和充足的专业人员支持。然而，一些高校在这方面的投入不足，机构设置不明确，缺乏专业人员，导致信息化建设无人负责、无人推进，限制了教育信息化的发展。

2. 资源建设严重滞后

在教育信息化建设管理中，资源建设严重滞后已成为一个亟待解决的问题。首先，缺乏有效的宏观指导和协调是问题的核心。教育行政部门在推动教育信息化方面的力度不足，缺乏有力的指导和协调，这导致信息资源建设缺乏整体规划和统一标准。其次，缺乏统一标准也是资源建设滞后的重要原因。当前存在着各种各样的开发标准，缺乏相对统一的标准，这导致了重复建设和后期兼容性问题的存在，影响了资源的有效利用。此外，缺乏协调和合作也是问题的一大症结。各个高校在信息资源建设上各自为政，缺乏协调和合作，这导致资源建设的人力和物力分散，限制了资源的整合和共享。最后，我国的信息化建设起步较晚，这也给教育信息化带来了一定的挑战。与发达国家相比，我国在信息技术和基础设施方面仍存在一些不足。教育部门需要积极引进先进的技术和理念，加强与国际教育信息化领域的交流与合作，推动我国教育信息化建设快速发展。

3. 缺乏配套的政策支持

教育信息化建设在高校办学开放化和信息资源共享方面发挥着重要作用。然而，我们也面临着缺乏配套政策支持的问题。首先，需要解决利益格局调整问题。不同高校和教师之间的利益格局不同，资源共享可能导致利益冲突。为了平衡各方利益，政府和学校需要建立相应的管理规定和合作机制。

其次，教学质量评估体系也是一个关键问题。教学质量评估能够有效考察教师在信息化教学中的综合表现，提供合理公开的奖惩机制。目前缺乏相应的评价体系和激励机制，这导致教师在信息化教学中的积极性不高。为了解决这个问题，需要进一步研究和探讨，制定科学的评价指标和激励机制，鼓励教师积极投入信息化教学建设。

4.经费投入不足

教育信息化建设管理中经费投入不足是一个普遍存在的问题。经费投入不足对高校的教育信息化建设会产生不良影响，使得教育信息化的软硬件建设面临着严峻的挑战，比如基础硬件设备的更新及升级，学习管理系统、在线教育系统的开发与维护，数字学习资源与数字教材的更新与共享等都将无法实施，同时信息化建设中教师需要掌握的知识与技能需要紧跟信息化发展的步伐，教师的培训工作也可能因经费不足而停滞。

5.师资队伍水平有待提高

在教育信息化建设中，教师需要一定时间来接纳新的思维模式和教学方式，包括注重启发式教学、探究式学习和个性化教育，以适应信息化时代的教育需求。同时，教育信息化对教师的知识结构、综合素质和信息化能力提出了更高要求。教师需要具备信息意识，能够主动获取和加工信息，并将其应用于教学中。然而，目前部分教师在信息获取、信息加工处理和信息技术应用等方面面临着一系列挑战，缺乏相应的能力和素质。此外，有的教师在创造性地利用信息技术组织教学活动方面也存在一定的困难。教师需要具备应用信息技术的能力，能够设计出有效的教学方案，并能灵活运用各种信息技术工具。然而，许多教师对于信息技术的运用能力不足，导致其无法充分发挥信息技术在教学中的作用。另外，教师还需要具备学科更新和发展意识。他们应不断了解和掌握本学科及相关学科的最新趋势，将网络上的新知识与教科书上的知识有机结合，拓宽学生的视野，激发学生的思维。然而，许多教师缺乏学科更新和发展意识，停留在传统的教学模式中，无法满足学生的需求。

四、高校教学管理信息化的发展

（一）信息化教学管理的优势

高校教学管理信息化的优势在于提高工作效率、实现资源共享与合理配置、加强部门合作与协作、提升数据管理能力和提高教学管理的规范化水平。通过信息化管理，高校可以将烦琐的工作流程自动化，减少人工操作的时间和工作量，从而提高工作效率。比如，通过电子化的选课系统和自动化的排课系统，学生可以方便地选课，教师可以更快速地安排课程。此外，信息化管理还可以进行云端文件存储和共享，使得教学资料、课程安排等资源得到充分利用和合理配置，从而提高教学管理的质量。信息化管理可以促进各个部门之间的相互合作与协作，打破了"信息孤岛"，实现了快速传递信息和上传下达。通过电子邮件、即时通信工具和协同办公软件等，教师、学生和行政人员可以更加便捷地沟通和协作，提高部门之间的协调效率。信息化管理可以提升高校的数据管理能力。高校拥有大量的教学数据，包括学生学籍、课表安排等信息。通过信息化管理，这些数据可以得到准确记录和分析，为高校管理者提供有力支持。例如，通过数据分析，可以实时了解学生的学习情况，及时采取措施帮助他们提高学习效果。信息化管理还可以推动教学管理的规范化。通过标准化的数据录入和操作流程，可以确保教学管理的一致性和准确性。例如，通过统一的数据录入标准，可以避免因为数据格式不统一而导致信息错误和混乱。同时，教学管理人员可以通过系统生成的报表和分析工具，对教学情况进行全面的监控和评估，进一步提高教学管理的水平。

（二）提高高校教学管理信息化水平的措施

1. 加强高校信息化系统的硬件建设

加强高校信息化系统的硬件建设是提高高校教育信息化管理水平的重要措施，高校信息化系统的硬件水平若是无法与信息化发展步调一致，信息管理人员就无法借助教育信息化工具高效完成管理工作。高校需要制订合理的预算计划，将信息化系统的硬件设备作为重要投资来考虑，确保投入足够的资金购买先进且可扩展的服务器、存储设备和网络设备等，同时需要确保服务器配置满足高校信息化系统的性能要求，尤其是在高并发访问的模块上，服务器配置需要满足网络流量和处理能力的需求。此外，应建立稳定、高速的网络基础设施，包括高带宽的网络接入、局域网和无线网络覆盖，以确保信息流畅传输和教学管理系统的稳定运行。同时，购买大容量且可扩展的存储设备，定期进行数据备份和灾备恢复，保障教学数据的安全性和可用性。部署先进的安全设备，如防火墙和入侵检测系统，加强对系统的监控和安全审计，确保教育信息的安全性和完整性。为信息化系统提供适宜的环境条件，定期进行设备检查和维护，保证设备正常运行和延长使用寿命。高校需要加大对信息化系统硬件的资金投入，提升高校教学管理的信息化水平，满足教师和学生对信息共享和教学管理的需求，推动高校教育信息化的不断发展。

2. 完善高校教学信息化管理机制

为了提高高校教育信息化管理水平，高校可以通过以下方式来完善教学信息化管理机制。首先，高校应进行调研和分析，以了解教育管理人员的需求和问题，确保所建立的教学信息化管理系统能够满足他们的实际需求。其次，在保留原有管理系统的基础上增加信息化管理功能，以实现综合管理。通过统一的系统，高校能够整合不同部门和管理人员的信息，从而提高信息传递的效率和准确性。同时，高校要实时监控系统的运行情况，及时处理问题和进行反馈，并根据实际情况进行改进和完善，以确保系统的稳定性和可用性。

另外，在教学信息化管理中，数据库技术的应用也非常重要。高校可以运用数据库技术对数据进行分级存放，建立合理的数据结构和关系模型，以提高数据的存储和使用效率。同时，高校必须确保数据的安全性和隐私保护。最后，为了提高教育管理人员对教学信息化管理系统的使用熟练度，高校需要对他们进行系统培训，同时提供及时的技术支持和帮助，帮助他们解决使用系统的过程中遇到的问题。

3. 提高管理人员的素质，加强对信息化手段的应用

高校的正常运行与管理人员的能力密切相关。高校管理人员是高校管理系统的掌握者和操作者，他们的综合素质对于信息的正常传递至关重要。但当前部分高校对管理人员的素质并没有给予高度的重视，在管理人员培训方面投入的资金有限，当前的考核体系没有将管理人员对信息化管理手段的运用能力作为一个重要指标，这导致管理人员的信息化意识相对较低。针对这一问题，要想提高高校教学管理的信息化水平，就必须重视对管理人员的培训，提高管理人员的信息化素养，使其能够熟练运用信息化手段来进行管理，从而提高管理效率。

第三节　全球视角下的教学管理与模式

一、教育国际化与国际化教育

（一）教育国际化

在学界，不同学者对国际化的理解各不相同。一些学者认为国际化是一个逐渐实现的过程，这种观点逐渐成为学术界的主流观点；而另一些学者则认为教育国际化是国家教育发展的趋势和最终目标。同时，有学者认为"教育国际化"与"国际化教育"是同一概念。因此，针对教育国际化这一概念的系统化和标准化解释在学术界仍缺乏共识。为了解决这个问题，一些学者试图从活动方法、能力方法、精神气质法和过程方法四个不同的角度来界定教育国际化。

教育国际化是一个广泛的概念，其核心思想是通过接触和融入全球环境，培养学生、教师以及其他人员的新技能、态度和知识。教育国际化旨在帮助个体适应日益相互依赖的世界，并为成功参与全球化做好准备。教育国际化的目标是促进全球理解，培养适应多样化世界生活和工作的各种技能。这一过程强调将人作为学习的核心主体，重视个体能力培养的学习过程。在教育国际化的实施过程中，通过开设具有国际视野的课程，引进全球化的教学资源，提供国际交流和合作的机会，可以培养学生的跨文化交流能力和全球意识，使其具备在国际舞台上竞争的能力和自信心。教育国际化还要求吸收和借鉴世界上的科学技术、经营管理知识和成功的教育经验，以提高本国教育在全球经济发展中的竞争力。通过加强与国际先进教育机构的交流合作，汲取其成功经验和教育理念，可以不断提升我国的教育水平，并为国际社会的发展做出更大的贡献。

教育国际化是一个综合跨国界和跨文化观点和氛围的全面而复杂的变化过程。在全球化和贸易自由化的背景下，不同国家之间的教育资源配置加速，教育要素也在加快流动。这种发展导致世界各国的教育体系相互影响、相互依存的程度不断加深。教育国际化的推动力之一是全球化进程，它加强了人与人之间的联系和交流，并通过跨越国界的学术合作和知识交换来实现更好的经验、知识和资源分享。此外，教育国际化有助于培养具有全球视野和跨文化交流能力的人才，以推动不同国家之间的交流和合作。教育国际化促进了各国的共同繁荣和发展，通过分享最佳实践和创新来共同解决各国面临的挑战和问题，提高教育质量和标准。在国际产业分工和贸易互补中，教育国际化发挥着重要作用，不同国家的专业特长和资源优势可以互补，从而促进国家间的合作与交流。教育国际化能够使学生获得更多的选择和机会，根据自身需求选择适合自己的教育路径和机构，进一步促经济文化交流与合作。教育国际化成为全球教育发展的必然趋势，具有重要的学术、经济、文化和社会意义。

（二）国际化教育

国内外许多学者认为现代意义的国际教育兴起于16世纪的欧洲国家，国际教育理论研究和实践的代表人物也集中在欧洲，比如夸美纽斯通过泛智学校这一由其亲自建立的、由世界各国学者参与传授知识的机构，增强了国际意识。[①] 历史上，国际教育曾被欧洲国家用来在亚洲、非洲和美洲的殖民地推行欧洲高等教育模式，以巩固其政治、文化、经济以及学术统治地位，其影响一直持续至今。

古代中国虽没有国际教育的概念，但笔者认为，古代中国事实上的国际教育理念始于春秋时期。《论语》提出的"有教无类"[②] 与两千余年后夸美纽斯提出的"人类的每一个成员都毫无例外地享有教育的权利"[③]，在本质上都是强调教育的普世性、公益性和公平性。春秋时期的受教育对象是否真正包括社会上的每一个成员一直是学者争论的焦点。他们讨论的一个问题是，夸美纽斯所称的"人类的每一个成员"是否包括那时的非洲奴隶和新大陆的原住民，这是一个值得研究的问题。因此，可以得出结论，教育作为上层建筑无法实现绝对公平。

在隋唐时期，日本的遣隋使和留学生来到中国，在长安等地学习和交流长达两百余年，这是中国古代国际教育实践的典范。日本的留学生和僧人通过这个过程将隋唐的先进制度、文化、工艺技术和中土佛教带回了日本，并在日本广泛传播和发展。这种中华文化的教育输出一直延续到宋代，并且教育与文化资源的输出范围也扩展到了东南亚国家和地区。

国际教育是在经济全球化浪潮下※起的概念，它的现代化概念最早出现于

[①] 孙强. 近代教育学的奠基人夸美纽斯[M]. 太原：山西人民出版社，2018.

[②] 云青. 论语[M]. 沈阳：万卷出版有限责任公司，2022.

[③] 夸美纽斯. 大教学论[M]. 傅任敢，译. 北京：人民教育出版社，1957.

19世纪60年代，它的目标是培养学生的国际思维，克服民族主义的偏见。国际教育的原则包括意识通用性、交流性和开放性，这些原则在国际教育的实践中起着重要的指导作用。意识通用性意味着国际教育应尊重不同国家的文化差异，避免文化偏见和歧视，以促进跨文化的理解和学习。交流性是国际教育的另一个重要原则，它强调与国外文化进行平等的交流。在国际教育中，师生之间应该建立平等、互相尊重和倾听的关系。学生应积极参与跨文化交流和合作，分享自己的观点和经验，同时也要开放地接受其他国家的文化和传统，促进知识和理念的交流与融合。开放性也是国际教育的一个重要原则，这意味着教育机构和学者要积极参与国际教育活动和交流，开展国际合作研究，并分享教育资源和经验。在这个科技、教育、文化和学习无国界的全球化时代，国际教育通过国际化的教育目标和内容以及制度化的活动来提升学生的国际意识和加强对全球问题的理解，帮助他们更好地适应多元化的社会和全球化的工作环境。

国际教育具有广泛的含义，它可以被理解为国家间教育和文化相联系的活动，也可以被理解为师生校际交流、文化交流和合作研究等国际合作。国际教育的发展在很大程度上受高等教育国际化的推动。随着科技的快速发展和信息的快速传播，跨国交流和合作变得更加容易。教育机构和学者能够更加方便地共享知识、经验和资源。

然而，需要注意的是，国际教育和教育全球化是两个不同的概念。国际教育强调的是双向互动，促进各国的交流和合作。教育全球化则着重于文化输出和影响力，它强调教育在全球范围内的传播和影响，帮助发展中国家提升教育水平和教育质量。

二、国际合作办学教学管理

（一）国际化教学管理的依据

2003年颁布的《中华人民共和国中外合作办学条例》（以下简称《条例》）是国内高等学校和境外办学机构进行教育合作的根本大法和行动指南。我国的国际合作办学事业由此走上了有法可依的良性发展轨道。国内各个合作办学机构和项目必须秉承有法必依的原则，按照《条例》的规则办学，在合作办学的道路上顺利发展下去。教育部依据《条例》对多个国际合作办学机构和项目进行了复核，并对多省市的国际合作办学机构和项目进行试点评估。复核评估对办学资质、办学质量、师资队伍、财务状况等方面从指标体系和观测点的角度进行了评估和审核，对于不符合我国法律规定的非法和不正规的办学项目和机构坚决予以撤销，并通过媒体将复核和试点评估的结果向公众公布。

（二）政府部门的引导和监管

为了避免引进重复或相似的项目和专业，以及落实教育机构的合作办学公益性原则，政府部门需要采取一系列整体布局和引导优化措施。在这一过程中，教育行政部门应该结合当地的实际情况，制定适合本地经济和教育发展水平的国际合作办学发展规划，以确保教育资源的有效利用。

教育机构应该注重教育的社会责任，避免将中外合作办学仅仅作为盈利手段，应该将其纳入公益性原则的范畴，如提供高质量的教育服务和促进教育公平。通过正确引导教育机构的经营理念，可以确保教育机构服务于社会和保障学生的利益。高校应积极引进与本地工农业和服务业发展相关的教育培训资源。这意味着高校需要与当地的产业发展需求相结合，寻找与之相适应的教育资源。这样做不仅可以提供实践性的教育培训，还可以满足本地区对各种专业人才的需求，促进当地产业的发展。各级教育行政部门应根据本地实际情况，制定国际合作办学发展规划。这一规划应该考虑到本地经济和教育发展水平，并寻找与之相适应的合作办学项目和专业。通过合理规划和引导，可以确保教育资源的合理利用，促进教育和经济的良性互动，推动社会的进步和发展。

（三）加强校园建设

引进国外优质教育资源，不仅意味着需要加强学校硬件设施的改进建设，更重要的是要注重营造良好的学术氛围和人文环境，学术精神、创新思维以及学校所倡导的价值观，才是真正吸引人才的关键，这正是西方发达国家名校的独特之处。高校不仅要依靠高薪和奖学金等物质条件来吸引人才，也要依靠学术精神、创新思维和诚信等软环境吸引顶尖人才。

世界一流大学如哈佛、耶鲁、剑桥和牛津大学以其自由、勤奋、创新和严谨的学术价值观，以及浓厚的校园文化吸引着无数优秀人才和学生。这些学府的成功之处在于它们具有学术国际化的特点，这也是其吸引世界顶级学者和留学生的重要因素之一。

因此，我国高校应该着眼于提升教育质量、促进学术交流和培养创新精神。通过改善硬件设施以及倡导学术自由和诚信，进一步引进国外优质教育资源，吸引更多的顶尖人才。同时，营造良好的学术氛围和人文环境，培养学生的创新思维和全球视野，这将对我国的教育事业产生深远的影响。

（四）学生工作建设

学生工作在国际合作办学机构和项目的健康发展中具有重要意义。学校应该着重提升国际化水平，建立一支优秀的思想政治教育队伍，从而培养具备国际化素质的人才。对于高校学生工作而言，应灵活调整策略以适应时代需求，在国际化理念、体制、内容和方法上进行有序、创新的调整，这已成为中国高等教育国际化的重要方面。

为了促进国际合作办学中学生工作的快速发展，学者们提出了以下几个需要注意的方面。

（1）引导学生树立正确的世界观、人生观、价值观，推动思想政治教育和社会主义核心价值观教育。同时，开展校园文化建设，打造积极向上、包容开放的学术氛围，增强学生对社会主义核心价值观的认同感和归属感。

（2）解决教育国际化中的文化价值观冲突问题，加强跨文化交流与对话，增强学生对不同文化的理解和尊重。还可以设立专门的文化交流平台，鼓励学生参与国际学生组织、国际交换项目等，促进不同文化间的融合与交流。

（3）结合国际合作办学与鼓励学生出国留学，推动高校与国外高校建立良好的合作关系，开展联合培养项目，为学生提供国际化的学习和研究机会。同时，鼓励学生参与出国交流和留学项目，并提供相关的奖学金和资助，以提高学生的语言和专业素质。

（4）注重人的发展理论、环境理论和组织与管理理论的应用，建立健全学生发展体系，包括心理健康指导、职业规划与就业指导等，为学生个性化发展提供支持。同时，加强国际化学科建设，提升教师的国际化水平和教师对学生的指导，为学生的学习和成长提供良好的环境和资源。运用现代组织与管理理论，构建高效的学生工作管理机制，推动国际学术工作快速发展。

（5）借鉴外国经验并结合中国实际制定符合中国高校学生工作国际化的策略。这包括在制定策略时结合中国高校的特点和需求，研究国际学生市场，了解国际学生的需求、偏好和趋势，从而有针对性地制定招生和服务策略。与国外高校建立密切的合作关系，通过交流项目、联合培养等形式，吸引更多优秀的国际学生。根据国际学生的需求和国际化发展的趋势，调整和优化课程设置，提供符合国际标准和获得认可的学习体验。

三、我国国际合作办学项目和机构的终止管理

国际合作办学项目和机构的终止有多种原因，包括合作双方因某种原因终止合作、项目无法招到足够的学生或其他原因无法继续、违反法律或合同约定而退出等。在这样的项目中会出现各种矛盾和问题，因为合作双方在社会制度、文化传统和法律体系等方面存在差异。这些问题可能因为立场不同而无法调和，导致关系破裂。一些项目开始时没有进行科学的调研和评估，导致专业重叠和市场饱和。如果项目缺乏特色和就业前景不明朗，教学质量难以保证，并且无法招到足够的学生，最终可能导致项目被迫终止。此外，一些不正当竞争行为和管理混乱也可能导致项目终止。对于这些问题，国家主管部门会依法关闭机构，并追究相关责任人的法律责任。

为促进国际合作办学秩序，并保持合理布局，教育部于2006年开始对国际合作办学机构进行复核。根据《条例》规定的要求，在复核过程中发现有机构在外籍教师比例、引进原版教材数量等方面未达到要求，因此被迫停止合作办学活动，而且涉及违法行为的机构被吊销办学许可证。对于一些合作办学项目来说，在办学协议到期后双方不再续约，或者办学协议被认定无效而被法律终止，这些项目也会随之终止。

国际合作办学项目的结束和退出需要遵循相关法律和法规。保护受教育者的合法权益是教育机构公益性质的体现。国际组织已确立了保护受教育者权益的原则，并得到了国际范围内的认可和尊重。结束国际合作办学项目后，保障受教育者权益是一个重要问题，也是教育行政部门监督的重点。应按照《条例》的规定处理项目结束后的事务，并确保用于保护受教育者合法权益的制度法定化和规范

化。管理和纠纷解决应按照现代企业运作规则进行。合作办学可以保持公益性质，并具有产业和市场属性。《中华人民共和国公司法》对于管理受教育者、教职工、债权人和投资人关系具有权威地位，应得到国际双方办学机构的尊重和遵守。总之，保护受教育者合法权益是国际合作办学项目结束后的主要责任和任务，应依法进行处理，注重管理和解决纠纷，确保教育机构的公益性和合作办学的稳定发展。

为了维护广大受教育者和教职工的正当权益，以及保护国有资产和维护国家根本利益稳固，国际合作办学项目可以采用以下几项得力举措。首先，一项关键措施是创建教育机构保障基金，让银行代为收取一部分学费，并把这些资金存入风险保障基金，这样做能够在合作办学机构终止或退出的时候，把这些资金如数归还给受教育者，从而确保他们的权益不受侵害。其次，风险保障基金的作用并非仅限于学费的退还。它还应该肩负起防止校舍、教学设备等国有资产被恶意低估并进而被拍卖，防止教职工的合法权益受到损害的责任。这样能够大大降低国有资产流失的风险，并有效保护教职工的合法权益。再次，需要建立一个保证金风险率动态调整机制。借鉴商业银行准备金率的形式，可以鼓励并监督合作办学机构自主保护受教育者、教职工以及国家利益。对于运营良好的机构，可以适度降低保证金比率，以鼓励其扩大规模并提高教学质量；对于办学效果欠佳或违规的机构，可以相应提高保证金比率，以促使其提高教学质量和管理水平。

这些措施的落地实施将有力推动国际合作办学项目的可持续发展，并全方位、多角度地保护各方的切实利益不受侵害。我们应当重视这些措施的实施与执行，为国际合作办学项目营造更加稳定、可持续的环境。

第四章　高校教学质量保障要素与体系

本章的主要内容为高校教学质量保障要素与体系，分别从高校教学质量保障要素、高校教学质量外部保障体系和高校教学质量内部保障体系三个方面进行了介绍。

第一节　高校教学质量保障要素

一、内生要素

内生要素是指在一个系统内部自身存在并影响系统运行与发展的因素。内生要素的内容包括以下几个方面。

1. 人才培养目标

人才培养目标是指学校要培养什么样的人才。人才培养目标的阐释指标包括人才培养的规格、知识素养、能力类别和素质培养四个方面的内容。人才培养的规格，即学校是要培养学术型人才还是要培养应用型人才；知识素养是指学生需要掌握的知识以及能够解读哪些专业的知识等专业属性；能力类别是指学生成才需要具备哪些知识，学校要重点培养学生哪些方面的能力；素质培养是指学生要具备哪些方面的素质。

2. 管理取向

管理取向是指学校的教育教学以及管理等活动的制度规定、行为规范、价值取向，是理念层、目标层在教学、管理活动上的落实和体现。一些学校制定了清晰完善的规章制度，但是没有足够的能力执行。面对这一问题，一些学校采用加强管理培训和人事调动的方式解决，但是并不能从根本上解决这一问题，也不能产生较强的影响力，因而要想从根本上解决问题还需要加大执行力度。

3. 类型与层次

学校的类型与层次定位是对学校的学生学历层次、学科取向、职业导向、办学模式以及学校的形象、特色、规模等进行判断和选择。学校的类型和层次确认是对学校的身份的确认，也是对学校的声誉的确认。一些学校为了获得良好的声誉，脱离实际情况，盲目提高学校的层次定位，这实际上是一种无效定位。对于学校的发展来说，并不是学校的层次越高、学校的办学规模越大越好，而是学校要根据社会的发展需求调整自身的专业设置，使学校具有核心竞争力，这是学校发展的根本。

4. 服务区域

学校的服务区域定位是指学校在人才培养、科学研究等方面的服务范围、服务行业、服务层面以及服务对象的定位。学校要分析其所在的服务领域的产业结构和产业规模。这与学校培养人才的就业范围、就业层面有直接关系。人才供需出现矛盾是结构性失业的一个主要原因，其根本原因是学校的定位不科学。

二、外生要素

外生要素主要是国家与社会对人才的需求，国家和社会需要高校培养高素质人才，在这些人才需求的背后，被期待的逻辑却不同，社会需要将知识转化为财富的人才，而国家需要将财富转化为力量的人才。纵观世界各国高等教育的发展历程，高校在适应国家和社会需要的过程中，这种适应轨迹又因具体国情的不同而出现分野：在欧美国家，高校因奉行自治与自由的核心价值观，按照高校自身的发展逻辑，需要吸纳社会资源和社会力量参与自身发展而主动适应社会和国家的发展需求，但是这种适应对学校来说是第二位的，是服从于高校自主发展的；而在我国，由于自治和自由的办学理念相对薄弱，高校更多的是围绕高层教育行政指令做出发展战略的调整，适应政府需要是第一位的，其发展逻辑基本是被动的，"拨一拨，转一转"的痕迹非常明显。

外生要素催生外部质量保障，满足国家和社会需求需要一套相应的制度以及机制来体现政府和社会的意志，相应地催生了外部质量保障。尤其是中国，在高校自治和自由办学理念相对薄弱的背景下，外部质量保障在一定程度上直接制约甚至决定了内部质量保障的方向，在运作上自然形成了一套质量保障机制，这套机制影响着高校的质量保障理念和价值倾向，左右着高校对教学质量评估制度的深度理解。

从存在环境和服务需求分析，外部保障体系应该包括两方面：一是政府主导的评估，反映国家意志和需求，由国家机构领导，依据国家颁布的制度和评估条例对高校进行外部质量评估；二是市场主导的评估，体现社会和市场的需求，防止高等教育发展自弹自唱，脱离社会和市场发展需求，一般由官方授权成立的社会、民间评估机构对高校进行外部质量评估。对高等教育质量满意度的评估，被称为第三方评估。因各国的国情和高等教育发展历程不同，各国高等教育外部保障要素具有各自不同的特点。

三、驱动要素

（一）评价与评估

1. 评价与评估的关系

评估结论主要是判断评估对象的状态。这种判断需要以评估技术水平、经济发展情况、科学发展水平为基础，从而保证评估结果的科学性，进而为其他部门提供参考依据。

简而言之，评价必须要经过评估过程，评估需要对事物的价值或状态进行分析说明。评估的本质是事实判断，评价的本质是价值判断。评估是为掌握事实，按照标准对此事实进行价值判断。因为评估活动一般都要形成评估报告，包括评估结论，在此背景下，评价与评估在确定性程度方面并没有什么原则上的区别，两者都是基于衡量某一特定对象的质量、特征、价值等标准而做出的一个评判的过程及结果，所以常常混淆使用。但是具体到参与主体维度上，评价和评估是有明显区别的，如学校、教师乃至学生都可以对自身工作和学习进行评估，清楚自身在做什么、做了什么、怎么做的；而对自身工作和学习进行评价，就需要对照相应的标准来判断做得怎么样以及为什么要做。

2. 评价的作用机理

众所周知，评价的核心是标准问题，标准的核心是定位问题，定位的关键是评价理念问题。我国传统的评价理念是："我好不好不能自己说了算，别人说我好，我才是好。"这种理念反映了文化不自信,其结果就是不敢凸显特色,导致办学趋同化。针对教学质量评价,有一个上位的质量标准,即教育部在教学合格评估中制定的标准,各学校需要对照标准进行建设和改进,达到合格水平后就该进入个性(特色)发展阶段。

在教育部没有统一标准的前提下,各学校应在考虑政府、用人单位、教师、学生诉求的基础上,制定自身的质量标准,也就是说,需要将评价理念转变为:"我好不好,我自己说了算。"当然,这不是自说自话,而是有根据、有条件地证明自身的教学质量水平。教育部推行的审核评估关注的重点是院校内部质量保障机制的有效性,它不直接评审质量,但其调查质量程序与所陈述目标的适切性、实际质量活动与计划的符合度以及活动对于实现所陈述目标的有效性。审核评估客观上督促学校转变评价理念,这种转变在根本上促使学校重视目标和标准的制定,严格监控目标和标准的落实与执行,从根本上培养质量自觉,提高质量自信,促进学校建立自身的质量正循环体系。

评价能够使其评价的对象发生翻天覆地的变化,但要使其发生变化还需要坚持核心价值观,如系统收集与学习成效相关的数据与信息、改进学生的学习成效等,对于质量产生的关键环节,只靠外部评估难以全面、恰当地做出评判,学校自身的评价必须成为学校文化不可分割的一部分。科学的评价包括评价的技巧、过程,还包括评价的结果。从根本上讲,评价是一个文化问题,评价会影响教师对自己所从事的工作的看法以及教师对学生的责任。需要注意的是,即使是在高校中,评价文化一般都尚未发展成常规性的行为,它的成长还需要不断地呵护和支持。

一项有生命力的评价规划要求教师突破学科和系科的藩篱,从整体的角度看待学生的学习,共同承担起实现学校教育规划的责任。在高等院校中这种责任既不容易被激发起来,也不容易维持下去。然而,积极有效的评价能够使教师和学生都受益无穷。

3. 评估的作用机理与质量保障逻辑

评估是指依据某种目标、标准、技术或手段收集所需资料和数据的过程。有人对评估做了进一步延伸,即评估是对资料和数据进行分析、研究和解释,并判断其效果和价值的过程。评估报告则是在此基础上形成的书面材料,对方案进行评估和论证，以决定是否采纳。评估的关键是审核评估方案是否科学、符合实际。评估隐含着价值期待，隐含着要指导的阶段工作的成效。评估项目的设定相应地映射着指标的标准，在对照标准的基础上得出的结论即成为评价结果。因此，评估的特征是就事论事与实事求是。

以往的评估倾向于通过专家审查来落实管理要求，通过专家的评判来增加评估结论的权威性，这是"我好不好不能自己说了算，别人说我好，我才是好"的评价理念在作祟。但造成的问题是这种评估总是把评估对象排除在外，使得评估者和评估对象之间形成紧张对立的关系，评估对象以"通过检查"的目的来应对评估，对事实有所夸张、有所隐藏，甚至弄虚作假、投其所好，以至于一提到评估教师就有一种对立情绪，就认为是自己"被检查，被找碴儿"。而自我评估则强调学校的主体性，重视评估对象的参与和意见申诉，更看重通过同行、同事之间的交流来提供专业支持，通过信息和事实判断，以共同认可的事实为载体进行相互交流、共同建构。审视自我评估过程，向评估对象公开自我评估的方案、程序、标准、工具等，考虑他们的想法和顾虑，采纳其合理化建议并加以改进，使其清楚自我评估是帮助他们自我改进和提升的一种助力，尽可能避免自我评估中的定位偏差、角色错位和价值扭曲。

（二）自我评估与质量改进

评估行为的求真性使得评估成为质量保障的基本手段。为深入开展评估工作，各学校建立了教学基本状态数据库，方便获取评估教学所需的基本事实。作为自我评估的一部分，教学基本状态数据库为管理者掌握学校的基本状况和调整改进方向提供了参考，但是对于教师和学生来说，并不能促进其提高教学质量和学习质量。教与学都需要遵循一定的逻辑，师生对自身进行评估，认清事实，发现差距，以利改进。为此，首先要树立正确的自我评估理念

1. 自我评估的理念：回归教学生活

自我评估弥补了外部主体评估的不足，重点监测质量生成环节，立足于对自身工作的监测、分析和判断，贴近教、学、管工作实际。其目的是培养高校的各个部门和教职员工的反思精神和批判精神。

自我评估的实质是发展性评估，关系到高校和院校内部成员的发展。自我评

估因可以根据发展阶段和实际情况不同而自行选择评估项目、方式及内容，使质量生成、问题发现与分析更贴近教学实际，充分体现了以高校自主发展为前提的目标。纵观欧美高等教育质量保障体系，其主体性主要体现在大学的自我约束和监控体制上，其质量保障的关键并非依赖外部对院校质量进行评估以达到保障质量的目的，而是评估院校内部质量保障体系的有效性，促进院校自身保障质量的提高。一般认为，自我评估有三大理念支柱。

（1）以问题改进为导向。自我评估是高校内部质量保障工作的基石，现在各高校都在进行内部质量保障建设工作，围绕保障体系的建立，相关工作开展都需要通过自我评估获取第一手资料，发现问题，提出改进意见，并针对学校工作实际，确定某个时期的工作重点，确定自我评估考察要素，进入有选择性的自我评估的良性循环过程。这在客观上有利于培养质量意识，落实持续改进的工作理念。这种以问题改进为导向的自我评估理念，其实质是通过评估获得数据、调查资料、现场事实对照学校的有关要求和标准以及教育教学基本常识，判断其是否存在问题，将原始资料和问题诊断一并通报给评估对象，听取其对该评估的解释、申述及观点。自我评估以共同探讨和探索改进为根本目的，但只要评估对象认可事实及问题，就应该相应地针对问题进行整改，避免形式主义。从工作推进逻辑来分析，自我评估遵循的是"事实是什么，问题在哪里，应该怎么办"的逻辑，是一种基于认识自我、谋求改进的制度安排；而审核评估遵循的是"目标怎么样，事实是什么，事实与目标的符合度"的逻辑，重视事实核查，是一种帮助发现、帮助建设的制度安排；专业认证及评估遵循的是"标准是什么（校方、评估专家），举证达成标准要求（校方），判定达成标准要求（评估专家）"的逻辑，其本质上是一种合格评估，是一种资格赋予的制度安排。以问题改进为导向的自我评估在制度设计、评估工作开展、评估后续工作安排等方面都更加有利于教学质量的持续改进。自我评估关注工作推进过程中的问题发现与改进，重视质量监测、知识增值和价值提升，尤其是形成性自我评估，弱化结果排名，重视事实判断和问题分析，很好地抑制了质量投机行为的发生。

（2）以学生为中心。首先，以学生为中心是由高校的使命和职能所决定的。人才培养是高校的第一职能，高校通过向社会输送高素质人才来实现服务社会、服务区域经济发展的办学宗旨。自我评估总体框架设计要针对学校办学目标与社会发展需求的契合度、人才培养规格的达成度，以使自己获取相关资料和数据，检验自身是否达成目标。其次，以学生为中心是高校不断进取、追求卓越的必然选择。高校通过合格评估后要想做强，获得更多的外部支持，必然要选择参与审核评估和专业认证及评估之路。审核评估关注的重点是院校内部质量保障机制的有效性，学校必须提供资料、数据来证明实际质量活动与计划的符合度以及活动对于实现所陈述目标的有效性，而学生又是教学活动的主体，是教学质量的体现者，自我评估必须围绕学生的学习需要是否得以满足、学生的素质是否得以提高而展开。专业认证及评估的第一核心理念就是以学生为中心，关注全体学生而非少数学生的"标志性成果"；评估焦点是对学生表现的评价，对培养规格与培养目标达成度的评价，必须分解为对学生整个学习过程的全程跟踪与进程式评估，通过记录行程性评价的过程和效果，证明学生能力的达成。这些必须通过经常性自我评估才能完成。

（3）以教师发展为重点。高等教育质量的改进主要取决于教学的实施。评价不能提高高校的教学质量，要提高高校的教学质量需要将教学改革和评价结合在一起，使其共同发挥作用。

作为课程改革和教学的执行者，教师理应成为自我评估的重点对象。对教师进行评估首先要使其回答四个问题：一是期待学生获得怎样的学习成果；二是期待学生获得这样的学习成果的原因；三是如何帮助学生取得这些学习成果；四是怎样确定学生是否已经取得这些成果。

这四个问题成为制订评估方案的出发点，相关的目标分解、标准制定、评估项目设置、评估要点、评估结论有机地形成一个体系，较好地体现了以学生为中心的理念，能够有力地促进质量提升和工作改进。

2. 自我评估的推进重点

成功的教学质量自我评估建立在生成质量洞察力的基础上，是对内在价值与外在行为之间关系的一种深刻理解。自我评估就是要让学生的学习体验、学习观点、学习成果有章可循、有据可查，为质量保障和工作改进提供依据。自我评估应重点关注的评估项目如下。

（1）是否明确教学目标和要求。教学和评价都是以教学目标的阐述为基础的，没有阐述得当的教学目标和要求，就不可能产生好的教学规划，评价也就缺乏收集数据的依据和进行决策所赖以存在的基础。任何形式的教学目标都应该做到以学习成效为依据来进行描述，让学生了解对他们的期望及评价方式。不能因大班教学评价学生较难而放弃评价环节，坚持每节课都评价若干学生，一是可以引起学生对教学的重视，使其了解自身的学习成效；二是可以使每个学生都得到评价指导，为学生学会自身评价提供方法指导，让学生学会评价自身；三是可以为评价学生的学习成效提供基础依据；四是可以为教师反思教学、选择与改进教学方式提供基础。

（2）是否促进学生基本学习技能的提高。推动学生参与讨论学习是高校重要的学习方法之一，思考练习可以帮助学生学会按照教学内容进行思考，帮助学生学会评价自己以及他人的观点是否合理，为学生运用基本理论、方法提供机会，帮助学生整合已掌握的知识并获得学习反馈。学会组织讨论、推动讨论是一项重要的教学技能，不管以何种形式展开讨论，都离不开阐明问题、分析问题和解决问题这一过程，采用讨论来促进学生的学习，不在于提问以后马上寻求解答、寻求论据，而在于帮助学生厘清问题、产生思路、谋求解决方法。为此应该做到：一是阐明问题。定位问题核心，针对问题界定几个核心概念或重要原理。二是提出可以接受的假设。讨论者可能因为对问题的理解不同而出现"鸡同鸭讲"的无效讨论情况，这就需要清楚问题的产生背景，在背景不明的情况下可以提出各种假设。三是收集资料。针对已掌握的问题背景，收集相关资料。四是选择答案。评价可供选择的其他解决方式。

（3）是否促进深层次学习。对深层次学习的自我评估应关注：①知识结构。学生是否形成以核心概念核心原理为节点的网状知识结构。②思维模式。学生能否掌握本专业的思维模式，能否评价本专业经典文献的论证模式。③毕业设计。学生能否描述毕业设计的论证结构、理论基础、技术路线。④管理学习。设置和控制一个学习目标所需的方式；是否建立为了完成类似任务所需的有效策略组合。

（4）是否定制以学习为中心的课程大纲

制定以学习为中心的课程教学大纲需要综合社会发展需求、学生个体发展需求、学科专业发展内在逻辑，更重要的是需要换位思考，教师应站在学生的立场思考如下问题：什么样的信息能够帮助学生学好任教的课程。应该向学生提供的信息有：①开课理由。课程与课程体系的一致性、社会需求、个体发展。②现行课程目标。学习成效、评价手段和工具、教师对学生的期望以及学生为学好课程应承担的责任。③课程内容概要。教学流程图、单元纲目、选学内容、课程学习策略、课程内容与专业能力培养的关系（课程对学生的思想和实践有什么益处）。④评价程序。学分和分数等级、要求及任务、应具备的基础能力和有学科特色的能力的评价依据。⑤各单元的具体情况。目标、选学内容、水平等级、任务与要求及其布置目的、授课方式（以讲座、讨论还是小组讨论为主）、实践活动流程图。⑥教学材料。教科书、参考书目及不易找到的阅读材料。⑦自测卷（附答案）。为学生提供一个检查自己能否达到目标要求的机会。⑧信息交流。教师应了解学生对该课程的期望以及学生希望得到的指导，学生应了解教学的重点。

（5）管理是否向规范和服务转变

管理虽然与质量生成没有直接关系，但是却直接关系到质量生成的背景，为质量生成提供条件保障，直接关系到办学定位和质量标准的选择。联合国教科文组织曾经指出，衡量一个国家教育发展的程度，就是看这个国家的教育行政官员和教师有没有相当的教育评价知识和能力。

对教学管理的自我评估应注重：其一，按照国家的通用标准对教学支持条件进行自我评估。其二，在参照国家通用标准的基础上，结合学校实际，给教学各环节制定质量标准，突出学校自身的特色建设，并让全体师生学习、知晓评估标准。其三，教育管理人员、教师必须明确自身在教学质量提升过程中的责任，满足目标要求。其四，有明确的制度与措施激励教师对教学进行适当的投入。其五，有明确的执行制度和激励制度，保障教师为学生提供指导、服务并对学生进行职业生涯规划，对学生的职业从业教育进行科学深入的指导。

第二节 高校教学质量外部保障体系

外部保障体系对高等学校的教学质量而言是至关重要的，在高等教育大众化的进程中尤为显著。这一体系包括政府对地方本科院校教学质量的宏观调控、市场对地方本科院校教学质量的监控，以及教育评估中介机构的调控。

一、政府对高校教学质量的宏观调控

（一）进行宏观调控的意义

一些学者坚持高校自治，主张政府应尽量减少对高校的管理干预。随着高等教育向大众化的发展，政府对高校的管理方式发生了全新的变革。政府不再过多干预高校的各个方面，而是转向以教学质量为主要关注点的宏观管理。

1. 有利于实现政府的意志

教育的本质一直是一个备受争议的话题，围绕着如何理解和实现教育目标存在着不同的观点。其中，生产力说和上层建筑说是两种主要的观点，它们对于教育发展的动力和特性有不同的侧重点。

生产力说认为科学技术是第一生产力，对教育的发展起着决定性的作用。根据这一观点，教育的目的是培养高科技人才，以适应和推动社会经济的发展。因此，教育的目的和形式应当紧密围绕着科学技术的进步。生产力说认为，教育应当注重培养学生的实用技能和丰富学生的专业知识，以提高社会生产力和促进经济增长。相反，上层建筑说强调生产关系对于教育的影响。根据这一观点，教育的性质、内容和方法受到社会生产关系和意识形态的影响。教育被视为一种社会机构，其目的是灌输特定的价值观和意识形态，以维护和巩固现有的社会秩序。因此，教育的发展应当与经济和社会发展的需要相协调，以适应社会变革和实现社会稳定。尽管存在差异，这两种观点都强调政府对于教育的管理和指导的重要性。在许多国家的立法中，政府在教育管理中扮演着重要的角色。政府通过立法和政策制定来确保教育体系的发展符合国家的需求和目标。

特别是在高等教育中，政府意志和行动被体现在高校的发展取向和规模上。政府对高等学校的管理旨在确保其准确、全面地反映政府的意愿。这包括对教学质量的监管和评估，以确保学校能够为社会提供合格的毕业生和研究成果。教学质量是高等学校可持续发展的关键，也是政府管理高等教育的主要方面。政府应当制定有效的政策和措施，确保教育质量的提升和改进。这包括加强师资培训、改进教学方法、优化课程设置等方面的工作。政府还应当鼓励高校与产业界合作，以推动教育和产业的有机结合，提升教育对社会经济发展的贡献。

2. 有利于促进高等学校的发展

政府的宏观调控对提高高校的教学质量具有重要意义，能够推动高校实现积极变革，提升整体水平。首先，政府能够制定相关政策和法规，要求学校体现政府意志，并促进学校的发展。通过此种调控，高校教学质量得以全面提升，从而保障学生权益。其次，政府通过宏观管理措施加强对教学质量的管理，推动高等学校的发展。政府可以建立教学评估体系，定期对高校进行评估，鼓励学校加强师资力量建设和教学改革，以提高教学质量。此外，政府还可提供经费支持和教育资源，改善教学条件，创造良好的学习环境。这些措施有助于提升高校的学术影响力和竞争力，进一步促进高校的发展。

3. 是高等教育国际化的必然反映

政府宏观调控教学质量对于高等教育国际化起着积极的推动作用。通过对地方高等教育进行宏观管理和调控，政府可以推动地方高等学校提高教学质量，以适应国际社会对高等教育质量的要求。政府可以制定相关政策和标准，规范高等教育的教学内容、教学方法、教师队伍建设等，引导地方高等学校加强师资培训、教育教学改革和优化课程设置，提高教学质量。这将为地方高等学校赢得国内外认可的教育质量和学术声誉奠定基础。提高学历学位的国际认可度是宏观调控的主要目标。通过提升地方高等学校的教学质量，政府的宏观调控可以促使国际社会对地方高等学校的学历学位给予更多的认可。国际社会对教育质量有着较高的要求，而提升地方高等学校的教学质量可以使高等学校的学历学位更具竞争力和国际认可度，为学生提供更广阔的国际就业机会和学术交流机会。政府宏观调控也可以推动高等教育国际化进程。政府可以通过加大对地方高等学校的资金投入和政策支持，鼓励学校开展国际学术合作与交流，引进国际化的教育资源和先进的教学方法。这将使地方高等学校更好地适应国际社会的需求，成为国际教育交流与合作的重要纽带。政府宏观调控教学质量有助于促进高等教育国际化，也有助于促进地方经济和文化发展。高等教育是推动经济和文化发展的重要力量，而提升教学质量将使地方高等学校的教育服务更好地满足地方经济和文化发展的需求。优秀的教育资源和培养具有国际竞争力的人才将吸引更多的国内外学生来到地方高等学校求学，进而促进地方的经济和文化发展。

（二）进行宏观调控的手段

1. 立法

对于高等教育的宏观管理而言，目前国际通用且使用最为广泛的是立法手段。其主要原因在于：第一，立法是政府意志的一种体现，而政府可以把那些体现了政府意志的政策，通过立法这一途径，轻松渗透高等教育中并对高等教育的方方面面产生影响；第二，作为社会大环境中的一分子，高等学校只有通过立法才能提升教学质量，在社会发展过程中有一个相对稳定的、合理的法律支持和保障环境。

当然我们可以将其理解为，无论是从客观要求，还是从主观意义上对立法的"应然性"与"实然性"进行理解，高等学校的教学质量都需要一种外在机制为其稳定持续的发展提供保障，这种外在机制即为立法。另外，由于高等教育对社会发展潜力的影响越来越大，甚至影响到国际竞争和工业地位的选择，因此政府通过立法手段对高等学校的教学质量进行宏观管理已成为一种趋势。

2. 拨款机制

由于政府所给予的财政支持是高等教育发展的重要保障，因此拨款机制便成了政府对高等教育进行宏观管理的又一重要手段。政府对高等教育的拨款涵盖了基本经费、研究经费和学生助学金等。拨款比例和名目会因各国实际情况而有所差异。为加大教育投入，政府需要改变观念，将教育投资看作基础设施建设，并增加投资渠道。同时，政府应与财政经常性收入的增长相匹配，逐步增加学生人均教育经费、教师工资和学生人均公用经费。此外，政府还应投资和奖励教学成果立项建设项目和获奖教学成果，以提高高等学校的教学质量。

3. 评估

评估是国外了解高等教育现状的常用管理方式。例如，美国的高等教育发展很成熟，但受政治体制的影响，美国的高等教育呈现出地域性强、特色各异、办学方式多样、办学水平差异大的特点。为了应对这种复杂的高等教育格局，政府采取评估措施对全国各地区的高等教育进行全面评估，以便能够及时了解和掌握各地高等教育的现状和水平。

无论是办学历史较长的高校，还是新办本科院校，政府对其进行的教学水平评估都对其教学质量的保障、办学水平的提高、教学改革的深化等起到了极大的促进作用。特别是近些年，经济、信息、科技发展速度的加快，在一定程度上刺激了高等教育大众化进程的加快以及规模的扩大，这种情况很有可能导致教育质量滑坡。此时，监督与评价系统在防止教育质量滑坡中便起到了巨大作用。

所以，应当建立一个集科学性、多样性、系统性、灵活性、综合性、层次性于一身的政府评价系统，分别针对公立高校与民办高校、重点高校与一般高校、专科高校与本科高校、综合高校与单科高校、国家（省）投资为主的高校与地方投资为主的高校等，依据国家相关标准，设置多元化的质量标准及评价指标体系，遵守国家法律法规，代表政府对全国高等教育质量实施监督与评价。

二、市场对高校教学质量的监控

（一）生源市场对教学质量的调控

1.教学质量是吸引生源的主要因素

大部分学生及家长在选择高校或专业时都会十分慎重。毋庸置疑，学生是学校的一个重要组成部分，没有学生也就没有学校。因此，学校想要生存，就需要具备一定的吸引力，吸引学生来校求学。事实证明，对于一所学校而言，最具吸引力的是重点、名牌等标记，但只要我们仔细思考便不难发现，重点、名牌等标记主要取决于教学质量。一个学校只有具备了优质的教学质量，才有可能被贴上重点或名牌等标签。由于教学工作的目标是提高教学质量，而教学工作又是学校的中心工作，因此教学质量应当成为学校教学工作的中心和重点。

然而，仍有部分学校认为，学校之所以未吸引到众多生源，其主要原因在于其设置的专业与市场需求不符，因而对相关专业进行适宜的改造是很有必要的但我们也要清楚地看到，虽然目前高校设置的多数专业与当今国际市场以及国内市场需求相符，报考的学生也较多，但学生所报考的学校大多是重点高校，而一些地方院校的相同专业却生源不足。由此可见，一所高等学校如果出现了生源不足的情况，就说明了生源市场已经对学校的教学质量调控发挥了作用，而此时高校需要做的是，一方面要对教学工作与其他工作间的关系进行正确处理，明确教学工作重心，并围绕其开展相关教学工作；另一方面要积极采取有效措施，如整合学校现有资源，进一步实现资源共享等。此外，还应当加强教学的改革，切实提高高校的教学质量。只有这样才能使高校的声望和知名度得以提高，也只有这样才能使高校获得更多生源，从而在日益激烈的市场竞争中立于不败之地。

2. 学费对学校教学质量起着间接的制约作用

学费即受教育者或其家庭等向学校或教育单位缴纳的培养费。学费不仅对高等学校的教学质量产生了巨大的影响，还是高等学校教学经费中不可缺失的一个重要组成部分。一般来说，教育领域的经费来源主要有三个渠道：政府的财政拨款、学费、捐赠。在我国，由于许多高等学校是公立学校，因此虽然部分高等学校获得了社会捐赠，但其也只是学校教育经费总额的冰山一角。政府的财政拨款既是学校教育经费不可或缺的组成部分，又是我国高等学校经费的主要来源之一。当然，学生的学费也是学校教育经费中的一个重要组成部分。学生交纳的学费几乎占据了全部教育经费的一半，而不同地区的高等学校，其学生所交纳的学费也有所不同。事实上，学校教学基础设施建设与改造的主要经费来源就是学生所交纳的学费。如果没有充足的经费，学校就不可能建设更好更先进的教学设施，如果没有更好更先进的教学设施，就会对教学质量产生一定的影响和制约，导致形成学校教学质量相对较差，生源不愿来校就读，学费不充裕，教学设备缺乏，影响教学质量的恶性循环。

（二）人才市场对教学质量的调控

为了适应市场经济发展的需要，每年春夏之交全国各级各类针对高校毕业生的供需见面会和人才招聘会开展得如火如荼，这为广大高校毕业生走向社会提供了更加广阔的舞台和自由选择的机会。从某种意义上来讲，高等学校人才市场的建立，极大程度上促进了高等学校毕业生就业的双向选择模式的形成，使高等学校毕业生的就业模式发生了重大变革。

不可否认，高等学校为国家和社会培养和输送了一批批高层次专业人才，但其所培养和输送的高层次人才是否与国家和社会的需求相符，就要看高等学校的教学质量是否符合国家和社会的需求了。就目前而言，随着近几年高校的扩招，以及高校毕业生数量的不断攀升，大部分高校供需间的矛盾被激化，高校毕业生在面对就业市场时，迷失了自己的方向和位置，而就业市场的不断萎缩，也导致了就业率不断下降。

就高校毕业生就业问题而言，部分学者从国际视野对其进行了分析，他们认为，高校毕业生就业呈现两极分化：一方面是学校之间的分化；另一方面是层次之间的分化。前者是指重点高校的毕业生通常不会出现就业难现象，因为各大用人单位都希望招收重点高校毕业生，相比之下，普通高等学校的毕业生的就业形势却不容乐观；后者是指专科毕业生就业相对困难。但事实上，这些学者对高等学校毕业生就业问题的归因分析只是在表面上对其就业压力大及就业质量偏低等问题进行了简单解释和不完全回答，并没有对这些问题进行实质性的根源剖析。

对于市场中的任何因素而言，市场法则都具有调控能力。从宏观层面来看，高等学校毕业生能否得到用人单位的认可，主要取决于高等学校的教学质量是否与国家和社会的需求相符，是否能够满足市场中用人单位的需求。也就是说，如果一所高等学校的毕业生很难在人才市场的双向选择中实现自己的平等价值交换，这所学校就应当尽快采取一些改革措施，如更新教学管理理念、对现有教学内容进行适宜调整，来继续在市场中生存和发展。

由此可见，高校要想在人才市场中占有一席之地，就需要在市场经济体制中积极深入人才市场，接收用人单位对本校毕业生满意度的反馈并发掘和总结提高教学质量的各种有效手段，使本校的教学质量得到切实提高。

三、教育评估中介机构的调控

（一）教育评估中介机构的内涵

我国教育界为了把政府部门全权负责组织的教育评估区别开来，便提出了"教育评估中介机构"这一新概念。然而，教育评估中介机构的定义到目前为止尚未统一。只有两种具有代表性的观点：一种观点认为，教育评估中介机构主要通过业务委托的方式，对学校教育质量的价值进行判断，其评估结果会对委托人的最终决策产生一定的影响。当然，我们也可以将其视为一种介于学校、社会、政府三者间相对独立的一种专门评估组织。另一种观点认为，教育评估中介机构是将学校、社会、政府三者联系在一起的纽带和桥梁，其主要通过评估的方式将三者联系在一起。综上所述，我们不难得知，教育评估中介机构是受学校、政府以及社会组织的委托而开展的一种教育评估活动，由独立于学校和政府的法人所组成，在为学校提供专业咨询服务的同时，还要履行一定的监督职能。

（二）教育评估中介机构的特征

1. 服务方式的公正性

由于各种利益团体是高等教育评估中介机构的主要服务对象，因此对于彼此关系的处理以及服务方式的选择显得颇为重要。我们可以把中介性评估机构视为一种独立的专业服务机构，它只有具备了过硬的服务质量及良好的服务信誉（客观公正、专业化），才能在竞争激烈的市场中生存、发展。因此，中介性机构应当把社会、学校乃至政府视为平等的服务对象，并在此基础上对评估对象做出切实的评估。除此之外，为了防止片面性和主观性，中介性评估机构还应当征求社会各界人士的意见。

2. 运作方法的科学性

从某种意义上来讲，评估中介机构属于专业性服务机构的一种。但就此意义而言，它的"产品"是什么呢？实际上，它的"产品"是其在市场经济条件下对外界所提供的评估服务。评估中介机构要想在市场中占有一席之地，就需要保证其运作方法的科学性。为此，中介性评估机构需要对评估理论进行更为深入的研究。这就需要对评估过程中的每一个环节都进行科学思考，且做到科学行事，并在此基础上提高自身的业务水平，在按照规律办事的同时，摸索评估活动的规律，这对维护评估活动严肃性无疑是有益的，而且在此过程中还能帮助评估中介机构树立权威。

（三）教育评估中介机构的职能

1. 评估鉴定

作为代理人的教育评估中介机构接受来自学校、社会、政府机构乃至公民个人的委托，对某个地区甚至整个国家的学校办学水平、教学质量、社会声誉等进行相应的评估和鉴定，这便是所谓的评估鉴定职能，具体包括以下几个方面。

（1）为政府教育行政决策提供服务。在产权关系上，政府与学校委托代理有一定的区别。当代理人的行为不能被委托人有效约束和监督时，办学者就有可能出现忽视举办者利益的行为，政府为了将代理人的道德风险控制到最低，就需要对学校进行相应的监督，除此之外，还需要对中介机构的业绩进行鉴定。

学校的办学成果可以通过一系列的相关评估活动反映出来，同时教育评估中介机构还可在此过程中向政府提供诸多评估信息，缓解政府在监督过程中的费用压力，以确保政府教育体制改革与政府教育投资能够朝着正确的方向前行。

（2）推动学校发展以实现政府目标。从某种层面上来讲，教育评估中介机构能够把学校的需求反馈给政府，而政府与学校之间可以通过教育评估中介机构进行有效沟通，加深彼此的认识与了解。学校可以委托教育评估中介机构对自己开展评估活动，从而直观且全面地了解自身的实际情况及办学能力等，使学校的办学条件得到一定程度的改善，并增强学校的质量意识，自觉承担起提高教学质量的责任与义务。

（3）为社会组织和公民个人决策提供便利。当社会组织及公民个人想对学校有更深入的了解时，便可委托教育评估中介机构对其进行声誉评估及鉴定评估，从而为社会组织和公民个人的决策提供有力依据。

2. 咨询服务

（1）为政府提供政策调研和决策咨询。在评估鉴定实践过程中，教育评估中介机构积累了与教育发展相关的大量有效信息。在对这些信息进行分析、加工和整理后，其可作为政府决策的重要依据，也可为政府决策提供支持。

（2）为学校提供发展战略咨询。学校作为教育机构，其竞争力随着经济、科技的不断发展而日趋提升。学校只有具备独特的办学方略，才能在激烈的竞争中立于不败之地。在学校的委托下，教育评估中介机构能够充分利用专家的集体智慧，在对学校进行充分了解后，为学校提出相应的竞争战略，同时为学校的发展提供咨询决策服务，成为名副其实的学校发展智囊团。

3. 科学研究

教育评估中介机构实际上属于非官方职业中介服务机构，因此它既是一种纯事物性的实体，又是开展多方面科学研究的重要基地，对评估理论以及方法研究等起到了积极的主导作用。除此之外，教育评估中介机构在评估技术以及文化等方面，也有着得天独厚的优势，具体表现为：其一，在大量实践中，教育评估中介机构可以根据国情探索出适合的评估理论、指标系统及评论方法等。其二，教育评估中介机构可以对探索出的理论与方法进行更深层次的研究，并在得出最新研究成果后，第一时间将其运用到评估实践中去，从而获得更好的评估效果。其三，教育评估中介机构可以把最终的评估结果通过专著或论文的形式发布在社会上，并虚心接受大众的批评和建议。

教育评估中介机构所具有的科学性是在其一次次的科学研究活动中形成的，同时这也是提高其评估声望的不竭动力。除此之外，国际性学术交流与合作及教育评估文化等，都能将科学研究的职能充分体现出来。而且，在组织和参与相关国际学术交流与合作方面，教育评估中介机构所发挥的作用是官方无法替代的。

4.监督导向

政府需要对人的行为进行相应的管理。当然，也正因如此，人们建立起来的各种组织都必须受到政府的制约。相关实践证明，代理人在面对多种可选择的信息处理方式时，往往会选择能够高估经营成果和提供信息量相对较少的方式，但委托人往往希望代理人能够提供客观、准确的信息。教育评估中介机构为了能够更好地控制代理人的道德风险毅然决然地承担起了监督的使命。

政府监督权的委托代理链可通过对学校的外部监督来缩短，这能在极大程度上提高其代理效率，不仅能压缩政府寻租的空间，还能在一定程度上弥补政府对学校监督的动力不足等。在对教育机构进行合格评估、优选评估后，教育评估中介机构便会向政府、被评机构以及社会公众传递评估信息，从而促进政府教育政策的顺利实施，并对被评估的高等学校的办学行为产生较好的监督导向作用，使教学管理得到有效加强，间接提高教育质量。

第三节 高校教学质量内部保障体系

一、教学质量内部保障体系子系统设计

(一)教学质量保障对象系统

可以将教学质量保障对象系统称作教学质量要素系统。这是因为凡是能够对教学质量产生影响的因素,都是教学质量保障系统中的受控对象。这里所指的影响,不仅是多方面、多层次的,还是多因素的,而影响的内容则包括人、物,以及管理因素。教学质量保障对象系统的基本构成模型如图 4-3-1 所示。

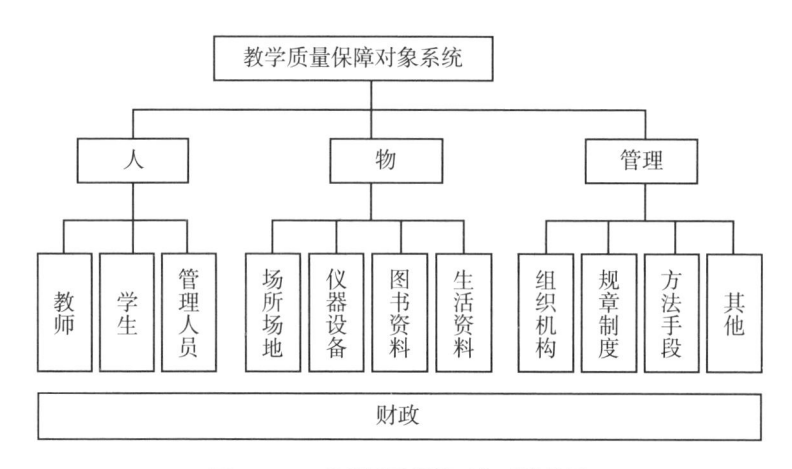

图 4-3-1 教学质量保障对象系统模型

在教学质量保障对象系统中,需要注意的内容包括:其一,在教学质量保障系统中有很多对象要素,这些要素有主次之分,因此要正确分析和确认其中的关键要素。其二,这些要素之间相互影响,同时这些要素还对课堂教学、实验、测验等在内的教学活动有着直接的影响作用。因此,要尽最大努力寻求教学系统诸要素的平衡和优化。其三,地方高校内的人员物资齐备,管理活动能够得以顺利开展,与财政经费的支持有着紧密的关系。

(二)教学质量保障组织系统

教学质量保障组织系统是指院校中具有教学质量管理职责,确保和提高教学质量的机构及其人员。教学质量保障体系能够正常、有效运行有赖于一个在层次

方面合理、在权限方面分明，以及在职责方面明确的质量保障组织系统。可以说，这一系统是整个体系的核心部分。

质量保障组织系统的职责包括：其一，对质量体系框架进行研讨、设计和完善；其二，落实质量保障措施；其三，完成与质量保障体系相关的质量保障活动。高校施行教学质量保障体系的成效受到组织机构设置的直接影响，也就是说，一个科学、运转协调的组织结构能够促使教学质量保障体系获得较好的成效。其系统结构模型如图4-3-2所示。

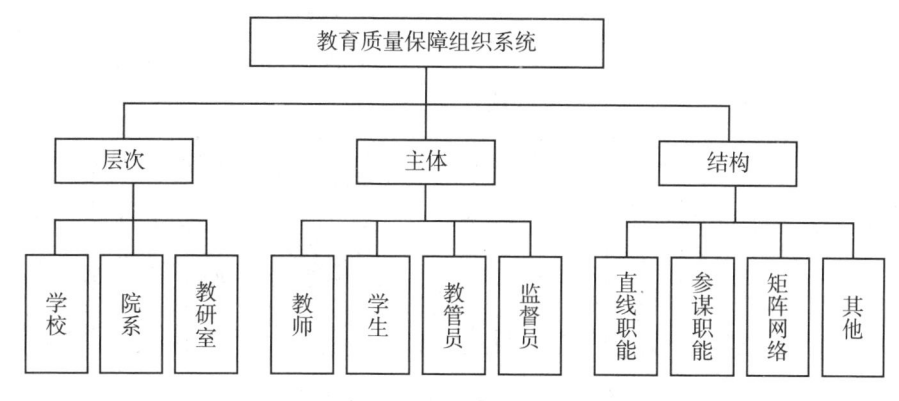

图4-3-2 教学质量保障组织系统

在对教学质量保障组织系统进行完善时，存在的问题主要包括：其一，片面单一地追求数量，忽视了机构设置；其二，存在着机构臃肿、人员交叉的问题，并且还存在着会议过多、统筹协调性较差等问题，不利于提高教学质量；其三，在组织功能与职责方面存在着缺乏工作协调性的问题；其四，存在着教学主体参与程度低的问题，其中教学主体包括教师和学生。

（三）教学质量保障活动系统

教学质量保障活动系统是指教学质量管理活动过程中对被控对象进行监测和控制的组织主体。这一过程的剖析主要从内容、形式及活动过程三个角度入手：首先，从监控内容的角度出发，主要包括教学的基本建设和运行状况及教学管理的情况。其次，从监控形式的角度出发，它主要反映的是与教学质量保障相关的方式和手段，监控的形式体现在教学质量保障体系中的制度规范、督促检查，以及评估评价和反馈调节等方面。最后，从监控活动的角度出发，其在实施过程方面，主要可分为大过程和小过程。第一，大过程，其概念是指高校由招生到培养方案，再到教学，最终到毕业，学生"输入—输出"的整个过程。大过程反映的内容是学生在大学期间的基本成型过程，并且教学质量的有效监控和管理始终贯穿这一整个过程。第二，小过程，是指一个监控管理周期，通常是指一个学期。其中主要包括四个过程：制订计划、运转调控、检测评估、总结提高。其系统结构模型如图 4-3-3 所示。

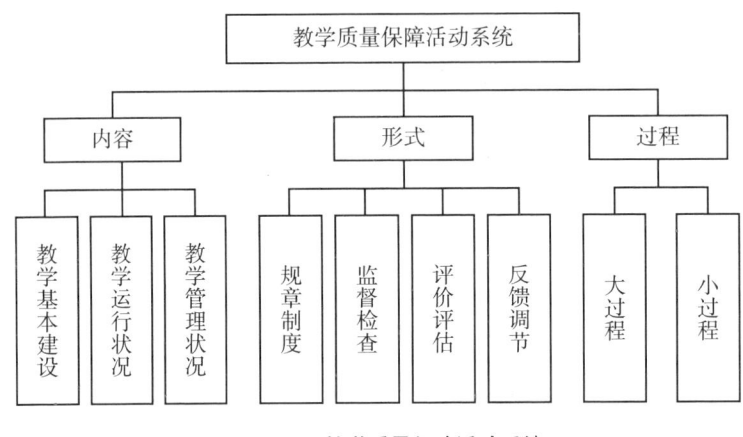

图 4-3-3 教学质量保障活动系统

（四）教学质量信息反馈系统

教学质量信息反馈系统除了是一个信息系统之外，还是一个反馈系统。首先，信息系统。这是指教学质量信息反馈系统具有围绕信息进行搜集、处理以及传递的功能。其次，反馈系统。教学质量信息反馈系统是将来自不同对象渠道的相关教学质量信息反馈给教学管理决策部门，这有助于对教学质量的各执行环节展开有效的监督和控制。所以说，在教学质量保障体系中，教学质量信息反馈系统具有重要的地位。

系统搜集信息的主要途径有三个：第一，通过学校教学质量评估机构对教学质量保障活动中的动态和静态信息进行搜集。首先，动态信息是以价值判断形态存在的。其次，静态信息是作为成果数量和质量而存在的。第二，来自用人单位和毕业生提供的信息。以这种途径搜集的信息以毕业生为中心，搜集他们在岗位方面的适应性信息、在学校专业设置方面的科学性信息、在工作能力和知识结构方面的合理性信息、在人才培养模式方面的可行性信息等。第三，通过教研室学生班级的信息员，来搜集学生对教学工作的意见和建议。在开展信息搜集工作时，主要通过定期或不定期问卷调查的方式进行。在对搜集到的信息进行整理、归类以及分析之后，应将结果及时反馈给内部管理决策部门、教师，以供相关管理人员做出决策。教学质量信息反馈系统工作原理如图 4-3-4 所示。

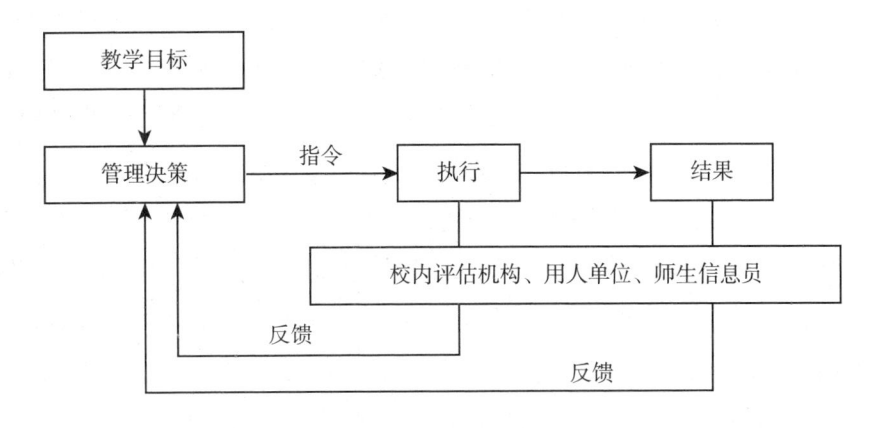

图 4-3-4　教学质量信息反馈系统工作原理

在我国，就当前的教学质量信息反馈系统而言，其还存在着很多缺陷。首先，信息反馈主体单一。一般情况下，负责向下发布信息的机构是行政管理部门且发布的信息只局限于有利于体现业绩的信息，不管是教师还是学生，参与的都比较少。其次，信息渠道少且不便捷。传递给学校及院系管理人员的信息，主要是通过会议和纸张材料来实现的，而师生反馈给管理者的信息，不仅渠道少，还不畅通。最后，质量信息内容稀少粗浅，信息多局限于课堂信息，能够对教学质量等起到监测作用的内容较少。

二、教学质量内部保障体系的构建与思路

（一）教学质量内部保障体系的组织体系

在开展教学质量管理工作时，必须凝聚全校的力量，包括学校内部各部门及学校内所有成员的全部力量，高校在履行教学质量保障体系等职责时，只有做到各司其职、相互协作，才能更好地构建相关体系。因此，在建立教学质量

保障体系时，有必要建立一个教学质量保障组织体系。教学质量保障组织体系的功能在于规定学校各有关单位的教学质量管理职责，促使质量保障工作合理化。

1. 教学决策系统

（1）学校职责。高校中的学校职责包括：首先，在解决包括办学目标、人才培养目标，以及人才规格在内的重大问题时，除有赖于定性分析社会需求的变化之外，还有赖于对学校的实际发展状况进行的定向分析。其次，对学校的目标进行定期评价。再次，对学校教学质量政策加以明确。最后，对全校性的相关管理活动进行审查批准。而负责履行这些职责的机构是学校党委会和校长办公会。

（2）院系职责。高校中的院系职责包括：首先，要以学校的办学方针和政策为依据，解决本院系内包括专业培养目标和质量标准等方面的重要问题。其次，以本院系的专业培养目标为中心，展开定期评价。最后，决定本院系在教学质量管理方面的活动。而负责履行这些职责的是院（系）务会议。

（3）决策辅助系统的职责。高校中的决策辅助系统的职责包括：首先，为学校教学工作的重大决策提供支持，即提出咨询意见等。其次，为学校发展的重大问题的解决提供支持，即提出政策建议。负责履行这些职责的是学术委员会以及教学指导委员会。

2. 教学指挥系统

高校中的教学指挥系统的职责包括：在学校教学政策允许的范围内，一方面，对教学管理规章制度计划进行制订；另一方面，以教学质量管理活动为中心进行组织实施。负责履行这些职责的是校长、教务处长、院长以及教学院长和教研室主任。

3. 信息搜集与处理系统

高校中的信息搜集与处理系统的职责包括：首先，围绕与教学工作有关的信息开展收集存储、分析处理及发布等工作。其次，以各种活动为中心提供必要的信息。负责履行这些职责的是教学质量管理办公室。

4. 教学条件保证系统

高校中的教学条件保证系统的职责包括：首先，对实现教学目标所需的条件进行分析。其次，为教学活动的正常进行提供支持，包括人、财、物支持。最后，对该系统自身履行职责的情况进行定期评价。负责履行这些职责的是人事处、财务处以及图书馆和教务处等。

5. 教学评价与诊断系统

高校中的教学评价与诊断系统的职责包括：以学校的质量管理计划为依据，开展定期评价、诊断教学等工作。负责履行这些职责的是教学质量管理办公室以及学科专家和管理专家组。

6. 教学信息反馈系统

高校中的教学信息反馈系统的职责包括：对与教学工作相关的信息进行反馈，将其反馈给有关部门和个人。负责履行这些职责的是教学质量管理办公室。

7. 质量文化宣教系统

高校中的质量文化宣教系统的职责包括：首先，对教学政策和质量管理政策进行宣传，传递给学校内外。其次，对学校的教学质量成就进行及时宣传。最后，面向校内外，将教学质量管理经验的相关内容传播开来，以此来加快学校质量文化建设。负责履行这些职责的是校办党委宣传部及教务等机构。

8. 教学质量仲裁系统

高校中的教学质量仲裁系统的职责包括：裁决出有关部门及个人在评价结果方面的争议。首先，在对学术性争议进行裁决时，主要由专家委员会教学督导组来履行职责。其次，在对非学术性争议进行裁决时，主要由教代会党群组织来履行职责。

（二）教学质量内部保障体系的质量文化建设

教学质量保障的关键是要有敏锐的质量意识，通过提升质量的教学行为和促进质量提升的管理行为，深化对质量态度、质量情感、质量目标、质量道德和质量价值观的认识。关于质量意识的培养，最具说服力和促进力的当属质量评价。质量评价可以使任何一个无质量意识的个体被动或主动地参与到质量评估活动中，对质量有一个大体的认识。当存在一系列质量评价标准和质量保障举措时，质量意识在保障和提升质量的过程中发展为质量自觉。

质量文化是高校教学质量内部保障体系的核心，为保证高校教学质量内部保障体系的不断建设与完善，其重要内容之一就是对学校的质量文化进行培育和发展。只有在全校所有质量保障主体的共同努力之下，才能促使学校教学质量内部保障体得以顺利构建与良性运行。

要想促进教学质量内部保障体系的发展，首先要对师生、员工的教育质量意识进行强化。其一，不断增强所有师生、员工的教学质量生命线意识；其二，为全校师生、员工创造出一个有助于质量教育发展的良好文化氛围；其三，以质量价值为导向，在校园内不仅要创造出具有广泛参与机制的质量文化，还要创造出一个具有团队协作精神的质量文化，以便不断激励所有师生、员工能够围绕共同的人才培养目标不断努力。因此，有必要对全体成员的质量意识进行提高，帮助他们树立起以质量求生存的观念，以及以特色求发展的价值观念。

（三）教学质量内部保障体系的动力系统

教学质量保障的关键是在高校教学质量内部保障体系的构建过程中调动所有成员的积极性，发挥人的作用。要从以下几个方面入手，不断完善教学质量内部保障体系的动力系统。

第一，作为学校领导，首先要树立质量意识，其次要组织教职工以教育思想为中心展开研究和讨论，再次要对教职工的现代教育教学观念进行引导，最后要帮助教职工养成为保障教学质量而努力的意识。

第二，评价教师的教学质量。学生是这一过程的评价主体，依据评价结果，对于结果较差者，要综合考虑具体情况，组织教师进修。若是有教师发生重大教学责任事故，那么可采用扣除津贴及取消评优资格的方式处理。

第三，引入外部评价，这种方式有助于调动内部积极性。例如，请专家检查毕业论文（设计）的质量，积极申请上级主管部门来校进行具体评估。

（四）教学质量内部保障体系的方法技术系统

1. 教学质量目标和教学质量监控系统

首先，教学质量内部保障体系建设有赖于以先进的理念为指导，核心是解决保障什么样的教学质量和怎样保障教学质量的问题。所以教学质量保障首先要制定教学质量目标，其次要建立教学质量监控系统，组织各级管理者、专家教师，以及学生和工勤人员来共同组成保障组织，并对教学质量进行全面监控。

2.教学质量主要监控点的确定

教学质量主要监控点有：①教学条件保障质量；②新生录取质量；③培养方案与教学计划质量；④主要教学环节质量；⑤教学管理质量；⑥课程考核质量；⑦人才培养质量；⑧教师队伍质量；⑨教学大纲质量；⑩学籍管理质量；⑪第二课堂质量。

3.教学评价反馈与教学过程调控

教学评价的功能是多种多样的，其中最为主要的功能是反馈功能和管理功能。从两项控制论的角度出发，闭环控制系统是一种负反馈调节机制系统，是以系统最佳状态为目标，在使其自身状态不断优化的过程中，使之趋向目标的稳定系统，这意味着反馈能有效控制教学过程。在对教学过程进行控制的过程中，起到重要作用的是走高质量路线的复杂过程。

教学调控机构，也就是教师或教务部门，首先要对教学过程展开持续控制，其次要使各教学单元持续地沿预定轨道前进。最后若发现教学单元发生了偏离，这时就要通过调控机构来做出相应的控制决策，以此来促使教学回到预定轨道。

教学管理系统的要素主要有三个方面，分别是教学状态、调控机构及教学信息。首先，调控机构获取教学状态相关信息的渠道是教学评价，将教学信息与教学目标进行比较，找出其中的差距，并对其进行诊断。其次，对这些信息进行反馈，以供调控机构对教学状态展开控制，并在此基础上形成具有负反馈调节机制的教学管理闭环控制系统。

三、教学质量内部保障体系的运行与维护

（一）教学质量内部保障体系的运行机制

教学质量内部保障体系的运行机制，从对内的角度出发，是相对封闭的循环往复的闭合回路，并且这一回路不仅有布置、执行、检查，还有反馈和总结。从对外的角度出发，它是一个开放系统。在这一系统中对输入该系统的信息流和物流两方面内容进行转化，并使其转变为一种有效的保障措施，以此来最大限度地使投入该系统的人力、物力以及财力发挥出应有的作用，从而用该系统培养出合格人才。

由此，可以将教学质量内部保障体系视为一个投入、运行和产出，以及保障对象能够得以不断运行的体系。而这一系统的运行，必然会受到环境因素的影响，即外部系统的影响，因此系统对外的运行模式为：环境—投入—运行—产出。其运行机制如图 4-3-5 所示。

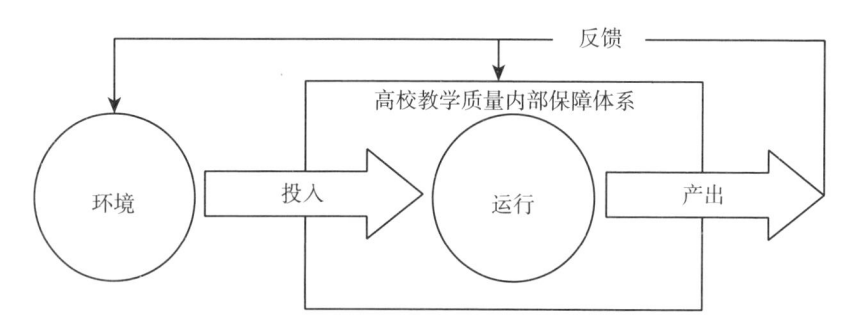

图 4-3-5　高校教学质量内部保障体系的运行机制图

（二）教学质量内部保障体系的维护策略

1. 重视加强院系级教学组织建设

高校中的学院，除了是教学活动的实体之外，还有着组织、执行和管理教学活动的重要职责，它为教学质量的提高打下了坚实的基础。关于院系级教学组织，其所具有的对教学活动的管理职责，主要有六个方面：①以教学计划和大纲的规定为依据，在有计划地组织理论教学的同时，不断加强对实践教学中各环节的管理；②加强学科、专业、课程以及教研室建设；③构建一个在结构方面合理且具有较高水平的专业教师队伍；④对学生的学习活动和实践活动进行有效组织；⑤建立有素质的教学管理队伍；⑥建立有序的教学管理程序。

2. 重视鼓励和引导全员积极参与

教学工作离不开学校内每一位学生和教师的共同参与。质量保障的工作不是几个人就能完成的，它是一个群体性工作。因此，从教师到学生，从行政管理者到工勤人员，都要将自己的工作与教学质量相联系，从而形成全员质量保障共同体，共同为教学质量保障工作实效的提高而不断努力。

3. 重视持续改进教学质量保障体系

要重视教学质量保障体系的完善与更新。正如事物是不断变化的一样，人们对过程、结果的要求不是一成不变的，而是会经历"不完善—完善—更新"这样一个不断变化的阶段。而要想实现这一过程有赖于一个不断创新的机制，也就是持续改进。关于持续改进的概念，其就是一个永恒的过程，无论是教学质量保障目标、内容要素，还是教学质量保障的工作途径和方法，都要随着时代的发展而不断与时俱进。

第五章　高校教学质量保障体系建设

本章的主要内容为高校教学质量保障体系建设，分别从高校教学督导体系建设、高校教学监控体系建设、高校教学检测反馈系统建设、高校教学决策实施系统建设四个方面进行了介绍。

第一节　高校教学督导体系建设

一、督导概述

（一）督导

我国早期没有"督导"一词。在汉代以前，我国有视学制度，所谓"天子视学"即是早期最高规格的教育督导，与科举制相适应。古代督导主要是帮助帝王"督率教官代导诸生"[①]和监督弹劾考试中的舞弊行为。

"视学"一词在辛亥革命后被"督学"所取代。实际上，"督学"更多被用来指代一种教育行政管理职位，而不是特指职能行为。直到近几十年，"督导"一词才被正式确立并广泛使用。

从字面含义来解读，"督"代表着监督、观察、监管的含义。"导"包含了引领、促进、引导、带领、启示、发掘的含义。"督导"在英语里也有两种含义，一种是"supervision"，即启发、指导；第二种是"inspection"，表示检查、监督。这说明"督导"一词具有双重含义，一个表示监督，另一个表示引导。监督是一项实时或定期的观察，目的在于发现可能存在的问题；引导是一种应对问题的措施，目的是解决问题。就主体而言，"督导"是监管人类行为的一种方式，其主体和客体都是人。此外，可能会涉及权力和组织方面的问题，也就是说它具有管理的

[①] 展龙.张居正文献辑刊；第18册大明会典（一）[M].北京：北京燕山出版社，2021.

特性。这与督导的理论基础——行为科学管理学相符,但也有很多不同之处。

(二)教学督导

教学督导是一项组织有序的活动,它的主要目的是提高教学水平。教学督导是一项具备专业性和技术性的服务,旨在研究并优化教学条件,此类定义主要在于阐述教学督导的目标特质,教学督导的基本内涵包括以下几个要点。

(1)教学督导主要涉及人与人之间的关系,它注重评估和提高人们的教学实践行为。

(2)教学督导是组织行为,而非个人行为。这一组织由官方机构正式授权或指派。

(3)主要研究的对象是教师,还有与教学直接相关的因素。

(4)人员通常拥有某项权力或权威,他们一般不行使行政权。

(5)督导必须与其他管理职能相结合才能发挥作用。

(6)其向被督导者、授权机构或评估机构提供反馈信息。

教学督导是学校依据国家教育方针并考虑本校培养人才的规格,为提升教学质量而进行的自我监督和指导活动。

在研究中,有两个与教学督导密切相关但含义略有不同的概念。一个是教育督导,另一个是(教学)质量监督体系。这实际上涉及教学督导的定位或者范畴的问题。

有的人把教学督导看作教育督导中的一个子系统。所以,教学督导同教育督导一样,是以对外部权力进行管理、监督为基础的。教育督导属于政府组织教育的行政职能,其执行的基础在于国家的教育方针、教育法律以及现行的国家和地方政策。监督行为遵循教育规律。教育督导与教学督导的区别为:教育督导侧重于宏观层面的策划,如国家级别的教育政策等,而教学督导则主要对微观层面进行督导,如更具体的教学方式等。教育督导是教育部门、政府外派的督导组织,教学督导则是自组织,是一种内部的自发行为;教育督导有行政职能,政府在制定政策和立法时可以参照教育督导给出的结果,教学督导的主要职能则是辅助教学管理以及帮助教师提升教学能力;教育督导给出的结果可以作为实施惩罚及奖励的依据,对奖惩具有重要影响,而教学督导则注重找出问题并提出建议。

还有一种观点认为，教学督导是学校质量管理中的子体系，具有监管和评估教学质量的职能，也可作为教学质量监督的别称。在这个范畴下，教学督导是学校自主实施的一种自我管理机制，旨在提升教学水平。而从教育管理学的角度来看，教学质量管理是教育管理的下位概念，而教学督导又是教学质量管理的下位概念，因此从这个角度来看，教学督导的外延范围相对较小。

（三）高校教学督导的职能

职能是指事物、机构本身所具有的功能或作用。教学督导存在的价值就在于其在教学管理或者教学质量监督体系中所具有的特殊职能。从历史视角来看，教学督导的职能经历了许多演变和更新。在全球范围内，各国的教学督导情况存在着较大的差异，教学督导的主要职能有以下几个方面。

1. 检查职能

教学督导的基本功能是检查。检查指督导人员以各种方式对教学管理、实施、保障部门及学生进行的督导与考查。借助这一途径，可以掌握教学即时情况，教学水平也可以得到提升。总的来看，检查的范围包括学校教学工作是否符合国家教育方针、政策及相关规章制度；学校能否切实推进教学革新，改革措施能否落实到位。在微观层面上，要对教学方式、教师授课方法和教学设备使用情况进行考查，以找出有无违规现象、有无背离人才培养目标或有悖于教学规律的情况。从根本上看，检查就是对客观教学状态与信息进行搜集的过程。只有取得真实、可靠、大量的教学信息，才能指导后续工作。所以，检查职能是教学监督的基本功能和前置过程。

2. 评价职能

职能检查指督导人员接收信息的途径与过程。需要对这些信息进行评估，而评估有助于督导人员对教学现状做深入剖析。所谓评价，就是判断、衡量事物是否有价值或者是否重要。只有评估原始信息，才能收集到有价值和有意义的数据。督导人员在履行评价职能时应充分理解评价指标与标准，遵循公平与公正的原则，采用科学的评价方法给出客观、合理的评价结果。对评价结果进行分析，有助于督导人员探索新的教学方法和总结教学经验，并对比教师的能力和水平，发现教学过程中存在的问题等。总的来看，教学督导人员评估是督导工作中不可缺少的一项重要内容，为评判是否有必要改进教学方式和怎样改进教学方式提供了重要参考。

3. 指导职能

教学督导人员既可以对教学督导工作给予批评性的、反面的指导，也可以给予正面的、鼓励性的引导。所以在教学督导研究中，引导的现实意义可分为两个部分。一部分由督导人员依据国家教育政策和学校规章制度以及科学的教学规律，根据评估结果批评教学过程中的失范行为。这样有利于帮助被督导对象了解自身存在的问题，剖析问题产生的根源，找出其与要求之间的差距。另一部分是教育督导员人会根据教学中存在的问题为教师提供切实可行的解决方案和建议，引导教师进一步掌握科学的教学方法与更新先进的教学理念以帮助教师成长与提高教学水平。

4. 联络职能

教学督导组织是一个与教学管理者和教师联系密切的特殊组织，只有获得彼此的认可、支持和协作，才能顺利履行自己的职责。因此，教学督导组织并不是一个独立工作的组织。首先，教学督导组织是信息传递和协调中心。教学督导应与教师保持密切联系，定期交流，及时了解教学过程中存在的问题，还需要向教师传达意见和建议。其次，教学督导人员需要向教学管理部门反馈实际的执行情况，促进教师与管理者的交流，并促进政策顺利执行。最后，教学督导人员需要协同不同部门的工作，如财务和后勤等。教学督导人员必须与各部门紧密联系，以为其提供各种支持，促进教学工作的顺利开展。

5. 反馈职能

在收集到客观真实的资料之后，教学督导人员需要对这些资料进行有条理的整理。这些资料经整理之后才具有反馈性。这样做有两个目的：一是为了评估，二是为了给教师提供指导和建议。此外，教学督导还需要将反馈内容提供给学校管理部门，让他们根据这些意见来制定政策。

（四）高校教学督导的作用

1. 诊断教学过程中的问题

在教学过程中，教学督导人员需要全面监测、分析整个教学过程，以便发现教学过程中存在的问题。这个过程可以被看作是一个综合的、灵活的教学问题诊断过程。基于实际情况、实施进展和教学进度，督导人员可以制订相应的主题并针对具体的对象、问题和环节进行监督和检查。另外，教学督导还可以采用多种方式来评估教学质量，包括对那些难以具体描述和量化的抽象因素进行评估，如教师的教学方式、学生的学习心态以及教师的教学态度等。总的来说，教学督导能够全面检视教学实施过程，诊断可能存在的隐患。

2. 提升教师的素质

教师的素质和教学水平是决定教学质量的关键因素。因此，提高教师的素质和教学水平至关重要。教师需要很长的时间来成长和发展，所以即便教师有着较长时间的从教经验，但仍有可能在教学方面存在问题，比如过于依赖单一的教育方法、板书书写不够清晰、教案不规范等。这些问题可能会在一定程度上降低教学质量。教师可以通过接受教学督导，获取有价值的反馈信息。这些信息可以帮助他们认识到自身在教学过程中存在的问题，并与督导人员一同探索如何提高自己的教学能力。在督导队伍中，一些经验丰富且专业水平较高的教师会利用他们的经验和专业水平来指导其他教师，从而使教师的教学水平得到快速提高，进而提高整个教师队伍的素质。

3. 协助教学管理和决策

教学督导组织与教学管理部门的关系是多方面的，既有隶属关系又有合作关系，这些关系都是为了加强教学管理与决策。教学督导组织在上述关系中的角色就是辅助并参与教学管理。教学督导组织一般与教学管理部门紧密合作，为教学竞赛和考试的顺利进行提供支持。教学督导要将问题反馈给教学管理部门。教学督导组织在体现"实然"的同时，也体现了教学的"应然"特征，从而有助于教学管理部门找出问题产生的根本原因，进而编制出相应的行动方案、原则与策略来促进教学改革。

4. 促进教学信息流动

教学督导人员能够推动教学信息的传递与分享，保持与学校各部门的联系与沟通，进而增进学校领导、教师及学生之间的联系。这一职责是任何一个学校职能部门都不能取代的。教学工作在学校教育中居于核心地位，其他各部门、各岗位都致力于为教学提供直接或间接的支持。教学督导的职责是监督教学实施过程，评估各部门在教学中的支持与限制。教学督导在促进校内教学信息流动方面起到了重要的作用，利用各种渠道搜集问题与意见，为学校各个部门提供重要资料，这使其成为各个部门信息的重要来源。

二、建设教学督导体系的内容与原则

（一）教学督导体系的内容

1. 组织体系

教学督导的组织机构是教学督导活动的参与者，包括督导人员和被督导人员。另外，督导工作须对管理人员尽责。因此，学校管理部门也在督导工作中扮演着至关重要的角色。

2. 规则体系

规则体系由两个主要部分组成，一方面是督导工作所依赖的工作条例和规章，这是整个督导工作过程必须遵循的规则。具体包含督导组织的组成结构、分工与职责说明，教学督导的工作规范，教学督导的年度工作目标、工作计划，教学督导中的工作实施细则，教学督导工作的激励与责任追究制度等。这些宏观规则规定了督导的方向和目标，决定着督导要关注什么，要做些什么工作。另一方面是督导工作中所使用的指标和标准是非常关键的，它们确定了督导的具体内容和评估的基准。可以说，督导指标在整个督导过程中扮演着至关重要的角色。督导的评估内容包含三个方面，分别是与教学相关的指标、教学管理的指标和学生学习的指标。最终，这些指标的结果将被用于撰写一系列评估报告。监督指标是指在执行监督任务时用来指导操作的依据，同时也是确保监督工作更科学和公正的关键因素。

3. 监控体系

教学督导的目的是检查和指导教学。检查过程中，教学督导的首要任务是监测教学质量，全面掌握教学情况，及时发现存在的问题。督导中的监控系统包括信息收集和信息处理两个方面。一方面，收集信息的方法有很多，包括课堂观察、课堂评述、学生反馈、学生作业检查、考试成绩评估、会议督导等。信息应当涵盖教学环节的方方面面，其中包括但不限于课堂管理、教学技巧、教案编写、学生学习方法、心理健康、教学计划以及教学制度等方面的信息。另一方面,督导过程中收集到的信息有很多且未进行加工处理,需要对其进行分析和总结,以便找出并解决影响教学质量的问题。只有经过适当的处理后,这些信息才能更好地反映出督导监控中信息收集的意义。

4. 反馈体系

反馈体系在教学督导中扮演着重要的角色。督导需要处理收集到的信息,并将问题反馈给相关人员。反馈可以被传达给三个不同层次的受众:计划层的学校领导、组织层的教学管理部门和执行层的一线教师。其中,执行层的一线教师是反馈的主体。首先,督导人员需要及时向教师反馈督导中发现的问题。其次,督导人员需要将教学过程中常见的、严重的、超出教师个人能力范围的问题(如教学计划和课程安排等)反馈给教学管理部门。再次,教学督导团队需要及时向学校管理层汇报督导中发现的教学问题。督导人员应该对向学校领导反馈的问题进行仔细的分类和分析,深入探究表象背后的问题,提升问题层次,从而为学校提供有价值的教学改革建议。此外,督导人员可以通过多种方式向教师和学校领导提供反馈,如利用督导评价表、督导信息栏、学生评教系统、督导月度年度报告、督导专项结果及建议函等方式进行反馈。

(二)教学督导体系的优化原则

1. 公正性原则

教学督导工作普遍存在评价难、落实难、易得罪人等问题。产生这些问题的根源在于督导的公正性不足。督导人员如果只是凭借个人喜好做出评价,教师可能会认为其带有个人主观色彩而意识不到自己在教学中存在的问题。这种不公正的评价会对督导工作造成很大的影响。督导人员应该以确凿的证据为依据,尽量使用可衡量的数据作为支撑,以求客观准确,避免或减少受其他因素的影响。

2. 集体性原则

在教学督导中,集体性原则指督导组织应当对教学评价和建议做出统一意见,而不是个人代表组织发表不同的看法。督导组织负责检查、监督和指导学校各个教学领域,而不是代表某位领导或个人的观点。因此,督导必须考虑学校整体的目标和需求。另外,最好采用集体的方式开展监督工作。督导组需要加强内部沟通、集思广益，综合各方意见，提出具有科学性、中立性和稳健性的建议，以应对督导过程中出现的各种现象和困难。若遵循集体性原则，可以避免因个人主观意识、专业水平、个人经验等多方面原因引发的督导偏见。

3. 全面性原则

教学督导应该贯穿整个教学过程，考虑所有可能影响教学的主要因素，不仅要进行纵向的时间考虑，还要横向地考虑各种因素，这就是全面性原则。既要避免在教学督导中只从教学结果中抽取数据的情况，也要避免频繁听评课，因为这些方式难以客观反映教师真实的教学水平，更难以发现深层次的教学问题。因此，教学督导需要融合教学的多个阶段和多个方面，以进行全方位的监督和检查。这包括监督教师备课、讲课、批改作业、考核、实践课程指导等，教学管理部门的规章制度、管理方法，学生的学习动力、学习目标、学习方法、思想状态等。为确保准确了解情况，督导人员应该全面地收集信息，不能仅凭片面认识就做出判断。

4. 民主性原则

教学督导与教育督导不同，教学督导注重督导对象的参与，既要使督导工作不被干扰中断，又要让被督导者参与其中。在实施教学督导的过程中更强调民主性，所以督导对象的参与积极性和教学督导效果息息相关。实施教学督导时，督导人员应以督导对象服务员、指导员的身份出现，不应成为"钦差大臣""教学警察"。他们应该尊重被督导者个人的尊严、隐私及个性特征，听取被督导者的意见、要求，甚至允许被督导者表达不满。与此同时，要引导教师及其他被督导对象主动参与到督导中去，不能盲目被动地接受督导与考查。在督导期间应共同学习、共同分析，直至取得共识并获得解决问题的方法。

5. 科学性原则

首先，教学督导应建立科学依据。教学督导应符合国家教育政策，同时应与学校教育使命、人才培养标准等保持一致。教学督导应遵循先进的教学理念并以科学的教学理论为依据。教学督导中的评估指标应全方位地反映教学工作中的不同层面，并兼顾各指标之间的联系及作用，通过合理的权重比例分配及适当的统计分析方法达到目的。其次，教学督导必须考虑个人的独特性，因此在对多种职业、专业、年级和教学方式进行评价时，应采用不同的评价标准。督导标准要与实际教学水平相一致,同时也要与人才培养规格相一致。再次,督导指标要简便易行,准确经济。最后,教学督导所用的方法一定要严谨、科学。开展教学督导时,必须通过调查研究、定量与定性分析、召开座谈会等方法来获得有关资料,然后对资料进行深入剖析,揭示它们之间的内在联系。通过教学中遇到的问题发现问题的本质和根源,为寻求解决方案提供依据。

三、高校教学督导体系的目标与制度完善

(一)高校教学督导体系的目标

1. 紧紧围绕教学目标

高校旨在培养职业能力强和素质高的高级应用型人才。教学督导的任务是支持教学工作达成预定的目标和标准。在进行教学督导时,必须充分考虑高等教育机构在人才培养方面的独特性,并以此为依据确定督导目标。同时,应将重点放在高校教学目标上,并合理分配督导任务。换言之,就是要根据高校培养人才的特点制定督导目标,并在实施教学督导时注重高等教育的教学目标,以合理分配督导工作。高等教育教学评估的重点不仅包括理论课程和学科知识,还包括实践教学,如实习和实训等方面,同时要检查教学中的职业指导和就业指导等内容,以加强学生的职业道德修养。高校教学督导应遵循职业导向和能力导向与教学目标一致的原则。

2. 符合督导性质

需要明确督导与教学评价的区别,避免将督导与教学评价混为一谈。教学评价着重关注教学过程、教学内容和教学效果,强调探究教学的具体细节、质量和成效,而督导则着重发现教学的缺陷和问题,并提出改进措施以达到更好的效果。因而,督导的初衷是将以"督""评"为主的方式逐步演变为以"导"为主的方式,持续关注人性、教育,将注意力聚焦于教学改革和教师培养等重点领域。在履行督导职责时,督导人员需要确保在执行每项督导任务时明确目标,以避免出现"督导跑题"的情况。例如,在进行专题督导时,某些督导人员在与教师沟通时可能会不自觉地偏离主题或者只注重督查而忽略了督导的作用,这样的督导行动很难达成目标。所以,对于微观的督导目标也要制订详细的督导计划。

3.要考虑学校实施督导的条件

有的高校并不重视设立督导组织,导致督导人员不足,督导任务艰巨繁杂。所以教学督导需考虑教学需求与具体情况,其中包括督导成员人数、时间与精力上的差异以及学校在教师、专业与学生方面的差异。

此外,在教学督导中,各个学校应该优先关注教学质量,而不是教学规模。督导应该首先针对教学质量较差的专业和系部,重点督导年轻教师,这样才能集中目标,取得更加明显的效果。

(二)高校教学督导体系的制度完善

1.完善信息收集制度

信息收集是督导工作的关键,也是督导工作的第一步。只有设立科学的信息收集制度,才能真正掌握教学的实际情况,提供有针对性的引导。督导人员需要采用多种方式进行监督,包括听课、教学调查、测试、座谈、问卷调查和暗访等手段。这些监督方式应综合考虑定性和定量、过程和结果、显性和隐性因素,从多个角度全面了解教学情况。此外,督导人员需要对教学管理情况进行监督,这包括检查教学处、系、部、中心等教学管理部门的教学工作。督导人员需要从多个角度收集教学信息,如教师自评、专家评价、学生反馈和同行反馈等,以确保教学监督的全面性和及时性。

2.完善信息处理制度

完善教学督导信息的处理制度可以从两个方面入手:实时处理和延时处理。在实施教学督导的过程中,重要的是及时处理收集到的教学信息,然后及时、尽快向被督导对象反馈。这种实时处理强调督导的时效性,如听完课后,督导人员应及时向教师提出相关意见,不拖延、不敷衍。这样做可以确保教学督导的有效性和实用性。为确保督导的准确性和规范化,需要建立明确的处理制度,如制定教学督导表和听课督导表,要求督导员所作的记录必须由教师签字等。延时处理是对多个督导任务的信息进行集中统计、分析,目的在于比较、归纳,以发现教学中存在的深层次问题,以便日后向学校做教学督导总结、汇报。延迟处理制度需要指派专人负责,定期组织月督导工作分析会和专题督导研讨会,以管理、分类和汇总督导信息。同时,还需要建立相应的责任制度,制定月度教学情况问汇总和专项督导教学改革建议等汇报制度。

3.完善信息反馈制度

教学督导本身就是一个信息反馈系统，如果没有及时、有效地对问题进行反馈，督导的效果将无法体现。按反馈的对象，主要是向教学人员、管理人员和公共群体进行反馈。其中，主要是向教师反馈督导信息，对于实时处理的信息要实时反馈给教师，诚恳地向教师提出问题，协商式地讨论问题，以共同解决问题；对于延时处理的信息可以通过公开或保密的通知单等方式发放给教师。督导的结果要通过督导文件定期或不定期地向学校领导汇报，对于公共性的问题，还可以通过督导简报、督导公开栏、督导校刊、校报等督导信息公示制度向全校公布督导情况。

第二节　高校教学监控体系建设

一、高校教学质量监控目标体系建设

随着时代的发展和进步，各个国家都越来越重视学校教育，尤其是高等教育作为人才培养和输出的重要阵地，更加受到重视。在高等教育发展的过程中，教学质量是其最为重要的核心内容之一，不断提高高校教学质量成为一个重要的研究课题。高等学校的教学质量保障体系必须建立在校内全面质量管理系统的基础上，因为这符合高等学校教育活动的规律和特点。这就意味着，高校需要建立强有力的教学质量保障体系来提高教学质量。保障高校教学质量需要综合考虑内部和外部因素。外部因素包括政府管理和政策导向等宏观因素，内部因素包括生源、人才需求和就业导向等直接和间接因素。这些因素影响着高校教学质量的提升。只有将内部防范机制和外部监管手段有机结合起来，才能保障高等教育健康发展。

高校教学质量对于一个国家或地区的发展而言至关重要，要想提高教育质量，首先就要确定一个合理和完善的目标体系。

（一）建立质量监控目标体系的注意事项

在高校教育中，如果想确定一个合适的教学质量目标，让它发挥积极的作用，

就要做好以下两项工作。

1. 以需求为依据确立教学目标

学校的教育目标之一是通过有趣的学习过程,把学生培养成为符合现代企业生产需求的职业人才。因此,学校教学质量管理活动中需要考虑的顾客需求包括社会生产需求和学生及家长对学生成长和适应社会的期望。只有同时满足这两个方面的需求,目标才能发挥其作用。这个特点在职业学校中表现得特别突出。在制定目标之前,学校应该进行充分调研和分析,在深入了解本地及全国经济发展状况和各行业现状的基础上,把握人才需求的方向和趋势,研究所培养人才的职业能力和未来发展方向、范围及所需能力。这需要高校与用人单位积极沟通,以确定培养方向和目标。学校和企业需要保持经常性的相互沟通,以确保学校和学生了解企业的需求,而企业也需要理解学校和学生的背景与特点,在此基础上制定合理的培养目标和教学目标。

2. 以培养目标为依据确立教学目标

要以培养目标为依据确立教学目标,这种专门的针对性培养对于学生毕业快速走上工作岗位、适应社会具有非常大的帮助。

教学目标可以被看作一个综合系统,它在学校教育中发挥着重要的作用。它由三个不同层次的教学目标构成,分别是课程教学目标、单元(或课题)教学目标以及课时教学目标。在设定教学目标时,应当考虑目标的层次、范围和递进性,同时要注意目标之间的互动和相互关系。这些目标在不同层面上存在着相互联系和影响。上一层的目标可以分解为多个下一层的目标,而下一层的目标又可以组成上一层目标。这个目标系统不断循环精进,以促成教学总目标的实现。同时,各层面的具体化也可以形成一个完整的目标网络。教学目标不仅包括知识和技能方面,还包含了思想和人格、情感和意志、职业和意识、发展和创业等多个维度。考虑到人才培养的多面性、长期性和发展性,制定目标时需考虑学生未来职业发展的需要,甚至包括转岗、再就业和自主创业等,同时也要满足教学系统性的要求,以构建职业院校完整的教学质量目标体系。这个目标体系是非常科学和合理的。在确定教学目标时,学校应该充分考虑上述因素,并结合社会和学校的具体情况来制定相应的教学目标。

（二）教学质量监控目标体系的建立

教学质量监控目标体系的建立对教学质量的提高有着重要的保障作用。

1. 建立教学质量监控目标的系统

建立教学质量监控目标体系的主要目的是通过人才培养全过程的质量监控，促进人才培养目标的科学设计和人才培养目标的实现。具体而言，主要体现在以下三个方面。

（1）人才培养目标系统——主要监控点为人才培养目标定位、人才培养方案等。

（2）人才培养过程系统——主要监控点为教学大纲的实施，师资的配备，课堂教学质量、教学内容和手段的改革，考核内容和方式的改革等。

（3）人才培养质量系统——主要监控点为课程合格率、优秀率，各项竞赛获奖率，创新能力等。

2. 建立教学质量监控目标的组织

在学校教育中，为了确保教学质量，需要建立监控组织体系，这个体系由教务处、教研组和教师组成。不同层次的监控组织在履行其职责的同时相互协作，共同实施监控和管理。

高校教学工作领导小组在校长领导下承担了本校的具体工作，在监督教师和学生学习等方面发挥了重要作用。教研室主要采取日常监控教学环节的方式来监督教学质量。教研室主任负责安排听课、编写试卷、阅卷以及评估毕业论文和其他工作。高校还可以借助校、系、教研室不同阶段的检查和评估，来确保教学过程中各个环节的质量。

3. 建立教学质量监控目标的方法

在进行学校教育质量监控时，一定要使用恰当的方法，这样才能保证监控的合理性和有效性，经过长时间的实践及总结，科学的监控方法应该是以评估检查为重点、教学信息监控为辅助，针对教学全过程实施监控。

为确保学校教育的质量，需要运用适当的监控方法，并确保监控有效和合理。通过长期实践总结，众多学者得出了有效监控的方法，其中主要侧重于评估和检查，辅以教学信息监控来全面监控整个教学过程。

教学质量监控的主要内容包括以下三个方面：监控教学信息的传递，监督教学活动的进行，以及进行必要的调整和控制。①监控教学信息。通过定期的教学秩序检查，以及在课程开展的不同阶段进行教学检查，监控人员可以通过常规的教学信息反馈和学生学习信息反馈等方式，及时掌握教学过程中出现的问题和变化。②执行教学工作的检查与监管。定期进行随机检查和反馈，以确保教学活动、教学环节、教学管理制度以及教学改革方案的有效实施。③对监控进行必要的调整与控制。采集信息并有效地加以处理，以便及时地进行调整。

4. 建立教学质量监控目标的制度

在学校教育中，教学质量监控制度体系主要是指以建立健全规章制度为先导、严格执行为保障，全面监控教学质量。具体来说，涉及如下几个方面。

（1）建立科学、合理的教学研究制度。

（2）建立合理的听评课制度，即行政领导、教学管理人员、教研组长及同行相结合的听评制。

（3）建立一个良好的学生评教制度。每学期通过问卷调查的形式由学生作为课程教学评估的主体，对教师的教学质量进行评估。

（4）结合学校实际制定合理的教学常规制度。其中主要涉及教学计划、备课、上课、辅导、考试等几个环节的内容。

5. 信息反馈调控

在学校教学中，高校可以借助日常教学检查和专项评估的机会，通过教学督导、学生教学信息员，以及用人单位的支持，收集并反馈教学信息，进而调整教学策略，最终达到持续提升教育教学质量的目标。为确保信息反馈调控体系能够有效运转，应重视以下几个方面。

（1）常规教学检查反馈调控。进行教学评估、反馈、研究、归纳工作中出现的教学问题并及时加以纠正，不断改进、提升教学工作的质量。

（2）学生教学信息反馈调控。高校可以把学生教学信息中心作为载体，及时收集和整理学生的意见和建议。同时，高校也可以执行学生教学信息员制度，将反馈结果反馈给个人，以提高教学质量，促进教学改革深入开展。

（3）教师课程教学质量评价反馈调控。精心设计科学的评估方案，以促进教师课堂教学质量的提高和实际成果的提升。积极发挥教学质量的正面引导作用，为教师改进教学方法和手段提供指导，以提升教师的教学水平。

（4）专项评估反馈调控。利用各种专项评估对学校进行引导和监督，持续提升教学管理水平，坚持"以评促改、以评促建、以评促管、评建结合、重在建设"的方针，加大整改力度，实现教学管理的规范化。

（5）人才培养质量反馈调控

高校应根据用人单位的评价和社会的意见和建议，定期对人才培养方案进行调整和优化，以确保方案能够适应社会的人才需求，提高人才培养质量。

（三）质量监控目标体系建立的对策

在建立教学质量监控目标体系的过程中，应将理论和实践相结合，制定可行的监控体系，以达到规范化管理教学质量的目的，提高人才培养的质量。

高校首先要设定教学质量的标准和准则，并使用PHP语言搭建一个监控系统平台，实现教学质量的自动化和网络化。对收集的数据运用数据库记录并进行分析，形成一个完整的教学效果评价体系。

1. 建立教学质量准则与标准体系

建立教学质量准则与标准体系有助于提高教育质量，完善教育管理机制，优化教学环境，改善教师、学生、条件、管理等内部因素和方针、政策、体制等外部因素，通过科学的评价和分析，建立一个信息互通的良好平台，从而确保教学质量的不断提高。

学校教学质量标准的基本构成包括组织保障、制定质量目标、收集信息、进行评价分析、提供信息反馈以及调整控制等方面。其基本功能为：为了确保各项教学工作和质量管理工作的顺利进行，建立起组织保障措施以协调和管理教学质量活动。教学过程的质量目标是根据学校制定的人才培养总目标和子目标而设定的，它被整合到一个质量目标体系中。这个目标体系将教学质量目标分解成各个环节的目标，使之更加完整。

多元化的信息收集渠道用来获取、整合和分析教学中的各种信息，以促进教学活动与教学质量目标的协调，并通过及时的信息反馈进行改进。教学评估分析的核心在于遵循教学评估标准和关注每个教学环节的质量目标，通过细致检查和评估的方式进行。收集、整理和分析教学质量信息，比较目标和实际情况的差距，主要目的在于调控教学质量，这些工作由校长办公室或教务处等部门负责，他们会研究和编写调控意见，并对实施效果进行检查，以确保实现教学质量目标。

2. 建立教学质量监控方法体系

随着网络信息技术的不断发展，计算机在各个领域得到了广泛的应用。在此背景下。在学校教育中，建立教学质量监控方法体系非常重要，其内容主要包括以下几个方面。

（1）常规教学检查。在日常教学中，定期进行例行的教学检查非常重要。其中，"初期""期中""期末"的教学检查是最为关键的三个阶段。教学检查在其不同时期有不同的内容和负责单位。初期教学检查主要以确保教学顺利开展和师生到位为主，由各教研室组织进行；期中教学检查主要以自查为主，理论教学部在此基础上对半学期以来的教学工作进行抽查；期末教学检查则侧重于监测考风、考纪，由理论教学部负责。

（2）系级教学工作水平评估。在学校教育中，系级教学工作水平评估的作用是鼓励和引导各部门加强教学管理工作，促进教学管理改革，不断提高教学质量。

（3）课程评估。深入进行课程评估对于提高教学质量具有极其重要的作用。为了不断提高课堂教学的质量，高校应积极促进课程建设，并进一步加强市级、校级重点建设课程、精品课程的建设与管理工作。除此之外，高校应坚持对重点建设课程进行阶段性验收评估和结项评估，深入挖掘课程资源，及时总结课程建设的经验，以推动课程建设的整合化和系列化。

（4）实验室评估。持续进行实验室评估，以推动实验室建设并提高实验教学水平。高校应更加努力地建设和管理校级重点实验室，以此促进实验教学环境的全面提升并推动实验教学改革。为了实现这个目标，高校应降低验证性实验的比例，增加更多综合性和设计性实验的内容，同时促进实验室的开放与资源共享。

（5）试卷评估。积极开展试卷评估，加强教师和相关负责人的责任担当，特别是教研室主任的领导作用，以确保试卷质量。这样一来，不论是哪种级别和类型的考试，都可以真实、全面和准确地展现学生的学习情况。

（6）教研室评估。积极推动教研室的评估工作，以促进教育教学研究和改革的进一步发展为目标,让教研室充分承担起教学的基础建设、管理和改革任务,确保教学工作高效运行。

(7)学生学习质量评估。评估学生的学习质量至关重要,因此高校应建立包括"知识、能力、素质"在内的"三位一体"的人才质量评价机制,运用定量和定性相结合的方法,统一个体差异,顺应整体发展的要求,并兼顾形成性评价和终极性评价,科学地监测学生的学习质量。

(8)教师课程教学质量评价。为提高教师所授课程的教学质量,高校应每学期都组织综合评价活动,主要有学生评教、领导与督导评教。对考核结果不合格者,应安排专家诊断听课。若评估结果属实,则将终止教师的教学工作或者将其调离岗位,这种做法有利于调动教师持续提升教学水平的积极性,提高学生的学习成绩。

(9)教学信息监控。为了全面了解教学工作的情况,学校应采取多种渠道,如师生座谈会、学生教学信息员会议等,广泛收集各方对教学工作的意见和建议。公布各专业的人才培养计划、教学大纲、重点建设课程以及教学进度计划等教学基本信息,并接受师生的监督和批评。

3.建立教学效果评价体系

建立完善的教学效果评价体系,对提高教学质量有十分重要的作用。教学效果评价体系与监控方法体系相对应,它以数据库形式对所获信息加以处理,以便对教学效果做出评价。

通常,教学质量监控体系会选择采用PHP设计语言作为开发工具。PHP是一种面向对象的设计语言,拥有强大的数据库操作功能。它可以使用数据控件访问各种数据库系统,从而更便捷地实现程序设计和开发。因为MySQL数据库具备可靠性高、易用性强等特点,学校多会用它来评估教学质量,从而获得理想的评价效果。该评估系统主要用来对教师的教学表现、学生的学习成果及班级成绩进行评价和预警,核心在于对学生和教师进行全面评价。评价流程包括用户登录、用户管理、用户信息录入、教师评价、统计分析、查询和学业预警。该系统下需要处理分析的内容主要包括以下几个方面。

(1)用户登录系统:这一需求是为了保证用户在访问系统之前有一个身份认证的流程,使用此功能可实现权限的分类和用户的判别。

（2）用户管理：这个需求就是对用户个人信息、权限等进行管理。

（3）用户信息录入：这个需求就是管理员要维护基本的信息，为使用者查询和修改个人资料提供便利。

（4）教师评价：这一需求就是使用者对教师进行评价，它是该系统中最重要的环节之一。

（5）统计分析：该需求由管理员综合用户评价，经过系统分析得到总体评价。

（6）查询：这一需求可以为用户查询统计结果。

（7）学业预警：这可以对学生及班级中不及格成绩数量及次数做出规定，超过预定的规范就会以预警方式给学生或班级以学业警告。

通过以上系统内容的植入，并运用先进的网络技术，使经过加工和分析后的内容能直观、高效地体现在系统界面上，形成教学效果评价系统。通过这一评价系统，教师能清晰地了解教学效果，以便有的放矢地采取措施改善教学过程，以达到提高教学质量的目的。

二、高校教学质量监控组织体系建设

在学校教育中，监控组织体系是必不可少的。这个体系由多个元素组成，包括内部监控机构、督导团队、教师组织和学生组织等要素，它们共同监管着教学质量。在全面质量管理理论中的"全员参与"理念的基础上，教师和学生会自发组织起来，在教学质量监控活动中扮演着至关重要的角色，尽管这两类组织并未形成固定的机构或部门。

（一）常规教学质量内部监控组织

高校常规教学质量内部监控组织是指目前高校中普遍存在的校级教学质量监控机构、学院（系）教学质量监控机构和教研室。

（二）教学质量督导团

相对于一般的教学质量内部监控组织而言，学校的教学质量督导团具有更强的独立性，可针对性地对教学质量进行内部监控。"相对独立"指的是教学质量督导团致力于独立行使教学质量内部监控职能，与组织教学活动有所区别，但仍与教学活动密切相关。"针对性强"指的是教学质量督导团是一支专门检查、监督教学质量的团队，坚持以服务教学和管理为宗旨，致力于提高教学质量水平，在内部监控教学质量方面扮演着至关重要的角色。教学质量督导团由教学专家或教学管理专家组成，这些专家态度认真并且具有很强的业务水平，他们对于提高学校教学质量发挥着至关重要的作用。一般情况下，教学质量督导团的主要工作包括以下三项内容。

1. 反馈和参谋

教学质量督导团首先需要开展调查工作，其调查的内容主要包括教师的教学、学生的学习情况，在此基础上发现教学工作中存在的各种问题，并向各个部门递送反馈信息，接下来参与和谋划学校的人才培养和师资队伍建设等工作[1]。

2. 督促和指导

教学质量督导团可以通过各种手段与措施来了解教师的上课情况和学生的学习情况，如听课、实践教学、查看学生作业和毕业设计等活动，这样能为教学活动的规划提供合理的依据。

3. 评价和建议

教学质量监督团会对教师的授课结果以及学生的学习成果进行评价考核，并针对其中存在的问题提出修改建议，以使教学活动保持良性循环。

（三）教师组织

在学校教育中，教师扮演着非常重要的角色，对于提高教学质量至关重要。教师组织教学监控的主要目的是提升学生的学习质量。教师可以组织各种教学研讨会，讨论课堂教学和实践教学中存在的问题，分享个人见解和方法，以提高教风和学风，并提升学生的学习质量。教育界人士必须遵守教学规范，担当教育教学使命，密切关注学生学习的状况，并积极与教育管理人员和其他教师交流合作，以促进学生教育和管理工作的有效开展。除了关注自己的教学方法，教师还应专注于学生的学习过程，向他们传授实用的学习技巧，只有这样才能实现对学生全

---

[1] 张振. 高职高专院校教学质量内部监控体系研究 [M]. 北京：中国矿业大学出版社，2017.

面学习质量的监控，进而培养出具备扎实专业基础、动手能力强、品德高尚、素质全面的人才。

（四）学生组织

目前高校的教学质量内部监控活动中，学生组织主要由学生会以及各班级的教学质量信息员组成。学生组织的监控活动主要为学生评教活动，旨在向教师提供反馈和建议。反馈和建议内容包括教师的教学态度、所用教学方法以及授课内容等。一方面，学生可以分享自己对课程设置、学习方法、教材选择等方面的见解。另一方面，学生评教活动还可以提高学生对教学质量的关注度，并鼓励他们积极参与课堂互动，从而提高教学效果，这能有效地调动学生学习的积极性，培养其自觉学习的意识和习惯。

在教学活动中，学生评教需要关注以下三个方面的问题：首先，必须明确学生评估的目标，同时教师和学生都应该保持积极的态度；其次，需要创建一个合理的教学评估指标体系；最后，应该充分利用学生的评教结果，发挥学生的诊断和服务功能。通过这些组织活动能为教师的教学和学生的学习提供良好的保障，保证教学活动的顺利进行。

（五）扁平化监控组织的构建

学校教学的组织与管理非常重要，一个良好的教学管理组织能保证教学活动合理有序进行，从而有效提高学校教学的质量。在学校教学组织与管理中，教学质量监控不可或缺，在构建高校教学质量监控组织时，需要留意监控组织的基本架构，以确保构建扁平化的监控组织结构。在组织管理学中，有两个关键概念，即管理跨度和组织层次。管理跨度是指上级领导直接管理的下级的数量。组织层次表示组织最高层与组织最低层之间所包含的层次。在组织规模相对稳定的情况下，若管理的跨度比较大，则组织结构层次相对较少；反之，若管理跨度比较小，则组织结构层次相对较多。这是学校教学质量监控组织的一个重要特点和规律，作为教师一定要把握好这一规律。

在高校教学质量监控组织中，组织体系呈现出扁平状的结构。在锥形组织结构中，组织中存在较多管理层次，使得信息的传递从高层到低层或从低层到高层需要经过多个层次。在这种情况下，信息传递的速度较慢，同时在层层传递信息经过的过程中，真实性和准确性会逐渐降低。等待时间再久也不一定能够满足组织所期望的需求。信息传递的效率不高和内容失真的问题，难以满足质量要求，这导致内部教学质量监控存在许多困难，也会进一步影响监控体系的正常运作，进而对教学活动的顺利实施造成不利影响。

大量的事实表明，扁平状的组织结构能够在很大程度上提高受教育者需求的时效性和准确性，有利于高校教学质量监控活动的顺利开展。如何构建一个科学的扁平化组织结构是一个难题。关于这一点，我们可以探讨一下国外高等教育机构在全方位质量管理方面采取的两个做法。首先是简化组织层次，这一方法通过削减管理部门来实现。一些海外高等教育机构已经取消了大量职能部门，让校长与教研室直接对接。在收到教学质量信息后，教研室会向校长直接汇报。其次是减少甚至取消副职。副职虽然不会改变组织的层次，但它增加了管理层次。在组织层次难以减少的情况下，可以采取减少和取消副职的做法。这两种做法都已经被证明是较为合理和有效的手段，我们可以结合国情和学校的具体实际进行借鉴和采纳。

三、高校教学质量监控制度体系建设

（一）教学质量方针

高校的教学质量方针有以下三个要素。首先详细阐述了高校致力于提升教育质量的目标和内部监管机制，表现出高校对教育质量内在的态度。另外，高校的教学质量方针还包括学校对与其利益相关的家长、学生、政府和企业等做出的教学质量保证，以及依照相应规定来履行这些承诺。其次是质量方向，质量方向主要体现在质量目标的制定上。最后探讨了教学质量方针和学校总方针之间的联系和区别。教学质量方针在提高教学水平和保障教学成果方面具有至关重要的作用和价值。在制订教学质量方案时，需要综合考虑学校总体目标和教学质量目标，同时也要考虑学校未来的发展方向以及各利益相关方的需求，以此才能确保各方面相互配合，构建更加完善的方案。高校制订具体、科学、合理的教学质量方针可以有效地提高教学品质。

（二）教学质量手册

教学质量手册是学校教学和管理的重要参考文件，是教学质量监控体系的关键部分，它反映了高校教学质量内部监控体系的运转情况。高校可以使用教学质量手册作为参考依据来监控内部教学质量并编制其他监控体系文件。因此，教学质量手册具有基础性的特征。通常情况下，学校应该编写教学质量手册，以系统全面地描述教学质量内部监控体系，确保监控活动顺利开展。高校的教学质量手册应与学校其他标准和规定保持一致。同时，教学质量手册中的各项规定也必须相互配合，避免产生冲突和矛盾。高校的教学质量手册旨在向各方展示该校的教学质量方向，并详细呈现学校教学质量监管体系的构建情况。如果没有教学质量手册，教学监控活动容易缺乏条理性和秩序，对学校各项活动的开展均有不利影响。

（三）教学程序文件

教学程序文件是指开展教学活动时由各种不同途径所组成的文件，它详细记录了高校教学质量内部监控的各个步骤和程序。教学程序文件分为两个主要部分，首先是"5W1H"，也就是需要考虑到为什么行动（why）、行动是什么（what）、由谁行动（who）、行动的时间（when）、行动的地点（where）以及如何行动（how）。其次是用于教学质量内部监控活动的工具和原材料，以及记录教学质量内部监控活动的文件。这两方面都非常重要，在构建教学质量监控制度体系时要引起高度重视。

（四）教学作业文件

教学作业文件是一种教学质量手册和教学程序文件的支持性文件，也是对教学质量手册和教学程序文件的进一步细化和补充。具体而言，教学作业文件是指高校针对各部门的不同职责和分工而具体规定的各种工作要求和准则，主要用于阐明教学过程或教学活动的具体要求和方法。[1] 教学作业文件在分配和落实各项教学质量活动的责任时应避免部门职责出现遗漏或重叠，这样才能确保教学质量工作的有效性。一般来说，教学作业资料可以分为两种：规则性文件和岗位作业指导手册。

---

[1] 张振.高职高专院校教学质量内部监控体系研究[M].北京：中国矿业大学出版社，2017.

(五) 教学质量记录

教学质量记录是指高校所记录的教学质量活动执行情况，它可以证明教学质量内部监控体系的运行是否有效。教学质量记录可以操作、可以检查也可以见证，它记录下来的内容中有很多客观实际的证据，这为教学质量监控活动提供了重要的事实依据，能为教学质量活动起到重要的预防和纠正作用。

教学质量记录还是评判教学活动是否有效的重要参考因素，现在已经成为高校开展数据决策以及制定改进措施的依据。以上就是高校教学质量监控制度体系的五个层次，每一个层次的内容都是非常重要的，缺一不可，需要高度重视。

第三节　高校教学检测反馈系统建设

一、建设教学质量检测反馈系统的重要性

提高高校教育质量需要建立一个教学质量检查反馈系统，这个系统是十分重要的。及时获得反馈信息是进行系统优化的关键要素。反馈是控制论中的一个重要概念，它指的是在控制系统中输出信息并将信息作用的结果返回，进而影响信息的再次输出，以此纠正偏差，从而实现控制调节并达到优化系统结果的目标。

在学校教学中，学生是教学活动的中心。教师与学生之间的信息互动是非常关键的因素，反馈可以很好地表现出信息的传递效果。调节课堂教学活动的重要机制就是反馈，因为教师需要从反馈提供的信息中了解情况，并对未来的课堂活动进行调整和控制，以确保教学活动的顺利进行。如果教师在授课时非常重视收集教学反馈信息，并且认真分析建议意见，不断进行教学改进，那必定会取得优秀的教学成果。这说明，创立一套科学高效的教学质量检测反馈系统对于提高教学质量具有重要的意义和作用。

二、教学质量检测反馈系统的构成

教学质量检测反馈系统由各种数据、报表和凭据组成，它们能清晰地反映教

育教学实践中的教学质量，高校可以建立一个教育质量检测信息反馈体系，以便即时地收集和分析各种实践中的信息。这个体系可以为学校的决策者提供参考依据。在高校教学中，可以借助每日的教学检查和专项评估来进行监督，同时也可以借助教学督导、学生教学信息员以及用人单位等方面的支持来积极增强反馈和调控能力，以不断改进教学工作，提升教育教学质量。

上文已经分析了建设教学质量检测反馈系统的重要性，那么这一系统的构成要素都有哪些呢？下面就对此做出具体的分析。

（一）常规教学检查反馈调控

常规教学检查反馈调控是这一系统的重要构成要素，它的作用是找出学校教学工作中存在的问题，并及时改正问题，再对问题进行详细的研究，从而推动教学工作的持续改进，为提高教学质量提供必要的保障。

（二）专项评估反馈调控

专项评估反馈调控也是这一系统的重要构成要素。在新的教育背景下高校应坚持"以评促改、以评促建、以评促管、评建结合、重在建设"的方针，充分发挥各类专项评估的导向作用，进一步加大督促整改的力度，切实规范教学管理工作，不断提高高校教学质量，推动高校教育的不断发展。

（三）学生教学信息反馈调控

学生是学校教学活动的主体，所以学生对教学情况的反馈是特别重要的。以学生的教学信息中心为载体，把学生对教学信息的建议收集起来，让学生积极、深入地参与到教学过程中，实行学生教学信息员制度并把反馈具体到每个人，以深化教学改革并提升教学的质量。

（四）教师课程教学质量评价反馈调控

教师在教学活动中发挥着重要的指导作用，其在教学中扮演着非常重要的角色。设计更加科学的评价方案，强化教师课程教学质量评价结果的实际应用，发挥质量评价的积极引导作用，完善教师的教学方式，提升教学水平。

（五）人才培养质量反馈调控

人才培养质量反馈调控也是这一系统的重要构成部分。人才培养质量反馈调控最主要的作用是了解、明确用人单位对大学毕业生的真实看法和社会对大学人才培养的建议和意见，以便及时改进、完善人才培养方案，让大学各专业人才培养方案与社会对人才的实际需求相适应。

三、教学质量检测反馈系统的建设

（一）教学质量检测反馈系统建设的内容

随着学校教育的不断发展，教学质量检测反馈系统也越来越完善。在这样的情况下，教学反馈信息的获取途径也呈现出多样化的趋势，其中有课堂教学过程中的信息反馈、作业反馈、考试成绩反馈、督导专家和同行教学建议反馈、学生评教、实习单位反馈等。教师应收集反馈信息，分析反馈信息的有效成分，从而为提高教学质量提供必要的参考依据。

1. 信息反馈

在课堂教学中，通常有两种方式用于反馈信息：言语反馈和非言语反馈。在实际的授课过程中，教师要善于接受学生的反馈，根据情况调整讲解的进度和方向，以使课堂教学效果达到最佳。在教学过程中，提问学生是直接获得教学反馈信息的方式，这种方式极为重要，有助于唤醒学生的思维能力，引导学生朝特定方向思考，促进学生的思维发展。为了确保课堂质量，教师可以用提问的方式获取反馈信息。这不仅可以促进师生之间的信息和情感交流，还可以帮助教师了解学生的认知水平，从而调整教学计划。在教学过程中，教师需要全神贯注、留心细节，善于观察学生的学习状态和课堂氛围。观察学生的面部表情、身体姿态和动作的相互关系；教师需要在课堂上仔细观察和了解学生的学习习惯和方法，并倾听他们的想法。

2. 课堂教学评课反馈

一般来说，课堂教学评课有同事之间互动学习、共同研讨评课，有督导专家鉴定或评课等。通过这些反馈活动能得到一些有效的教学信息，这可以为教学质量检测反馈系统的建设提供重要的依据。

3. 学生评教

学生评教是一种评估教师教学经验、教学能力、专业水平、教学态度、教学成效以及师生关系等方面的活动，由学生主动进行。学生评教是教学质量检测反馈系统中一个不可或缺的组成部分。学生评教结果可以较准确地反映教师教学情况，并为教师提供丰富的反馈信息。教师可以及时了解自己的教学优势和不足，从而优化教学手段与方法，采取符合现代教学要求的模式进行教学，这样有利于提高教学的质量。

(二) 学生学业预警系统建设

建设学生学业预警系统，有利于学校及时了解学生的学业情况，并做出及时的预警提示，以采取有针对性的措施促进学生的发展和提高。

1. 构建学生学业预警机制

构建一套高校学生学业预警机制并非易事，其成功与否取决于学校各部门之间的紧密配合程度以及付出的努力，同时也需要学生及其家庭的积极支持和配合。建立一套完善的工作体系是十分必要的，这一工作体系包括高校领导、辅导员和任课教师。这些人员将共同协调、管理和监督整个工作体系，并实时监督、管理学生的学业情况。

对于学校教育部门而言，要想建立一个科学有效的学生学业预警机制，首先就要充分了解与分析学生的具体情况，与各方配合，及时调整与完善教学质量反馈系统。

(1) 建立动态过程管理预警模式。在具体的操作过程中，可以定期或不定期地统计学生的学习情况，对进入学业预警范围的学生进行分类，这样能采取有针对性的措施解决各种问题。

(2) 构建学业预警信息系统。针对受到学业预警的学生，要对他们进行学业情况警告，并将警告以书面的形式制成学业预警通知书，再将通知书寄给家长。这样可以使学校与家庭都能及时地了解学生当前的学业状况，从而采取各种手段与措施共同促进学生的发展和进步。

2. 学生学业预警效果

(1) 通过学业预警机制能很好地监控学生的学业，提升学生的自学能力，督促学生端正学习态度，提高学生对学业的深度认知，引导学生取得学业进展。

（2）学业预警机制可以使学生认识到学业中存在的问题并正确地处理这些问题，使学生在规定的时间内完成学业，顺利地从学校毕业，为他们将来进入社会并适应社会打下坚实的基础。

（3）强化学业预警在学生学习过程中的作用，促进高校学业管理由"事后处理型"向"事前事中预防型"转变。

3. 建立学业预警制度的措施

学业预警制度的设计思路能够帮助高校更好地预防和处理学业问题。高校可以开发出一个切实可行的学生学业预警系统，当学生遇到任何潜在的学业问题时，都能够及时接收到警示并得到必要的帮助和支持。

（1）制作流程。在具体的实施过程中，学校教务部门将监察学生的学业发展状况，随时向管理学生校园生活和学习的辅导员汇报学生成长情况。当学生遇到困难时，辅导员应与家长、教师等积极合作，探究问题的根源，针对学生的个体差异，制订切实可行的解决方案，以有效帮扶学生的学业。同时，要搜集相关资料以便相关部门进行管理。

（2）制订步骤。为便于更好地理解学生学业预警机制，我们可以将其分为以下几个制作步骤。

①统计预警名单。每学期期末考试后，学校的辅导员和教师会进行交流讨论，他们会分析每个学生的成绩和学分情况，以便制订出学生学业预警通知名单。

②学业预警谈话。根据学生学业预警名单，辅导员或任课教师应当与学生进行交流，并仔细评估实际情况，这样做可以帮助学生及时发现他们在学业方面遇到的问题。对于那些预警程度较低的学生，只需简明扼要地指出普遍存在的问题以及具体要求即可；对于那些收到重要学业预警（如红色预警）的学生，辅导员和教师应单独约谈，明确指出学业上的问题，并提醒他们可能面临的负面影响，深入分析其学业问题的根源，并进行更加细致的研究，进而采取特定的措施和方法来解决。

③实施帮扶计划。根据日常观察和分析，辅导员和任课教师已经大致了解了学生的学习状况，并找出了学业问题的根源。在这种情况下就可以依据学生的个体差异和各自学业问题中的不同原因，制定相应的支持措施。

第一，对于那些仅在学习方法方面存在困难的学生，教师可以强化辅导答疑和作业批改等环节，以便及时解决学生学习方面的问题，这样可以帮助他们更好地掌握学习方法。

第二，通过学生之间的互相帮助来提高学习成绩。可以安排成绩优异的学生辅导、协助其他学生提高学习成绩。

第三，教师应该主动与那些存在心理障碍或存在其他问题的学生沟通交流，提供必要的心理支持，帮助他们克服困难，达成学习目标。

④联系家长。一般情况下，高校可以利用通信技术将学生学习预警通知单发送给学生家长，以便家长了解孩子在校的学习情况。这有助于家长和学校共同编制应对策略，共同努力提高学生的学习成绩。

⑤建立预警管理档案

高校应建立学生学业预警管理档案，并实时更新管理。高校可以从中对学生有一个全面而系统的认识，并时刻对他们在校期间的学业情况进行实时追踪和掌握，以便及时发现问题并提出解决方案，这对提升学生的学业水平有重要的帮助。

第四节　高校教学决策实施系统建设

一、教学质量支持系统的建设

在学校教育中，为保证教学质量，构建教学质量支持系统显得尤为必要，这一系统涵盖的要素非常多，如教学指导委员会、教务处、教学组织职能部门、学生信息员队伍等。每一个要素都非常重要，在构建这一系统时都要充分加以考虑。

（一）高校教学质量支持系统的结构

在建设高校教学质量支持系统时，首先要了解质量支持系统的基本内容和结构，其内容主要包括对输入质量、过程质量、输出质量和系统效率四个方面的支持。教育的输入质量受多个因素的影响，如教育目标、质量文化、生源素质和师资水平等。过程质量涉及课程设计、教学策略制定，以及师生之间的关系等。社会输出质量，即衡量学校对社会做出的贡献，如学生毕业率、就业率等；而学生学习质量则是评估学校教学成果的重要指标。系统效率主要包括师生比、生均培养费用、时间效率、综合效率等。高校需根据社会需求、自身情况和教育内在规律，采取切实有效的措施，然后，根据本校的具体实际制定一个适合自身特征的教育质量支持机制，在这一教育机制的支持下，学校教学活动才能顺利进行，才能取得理想的教学成绩。

高校教学质量支持系统的结构如图 5-4-1 所示。

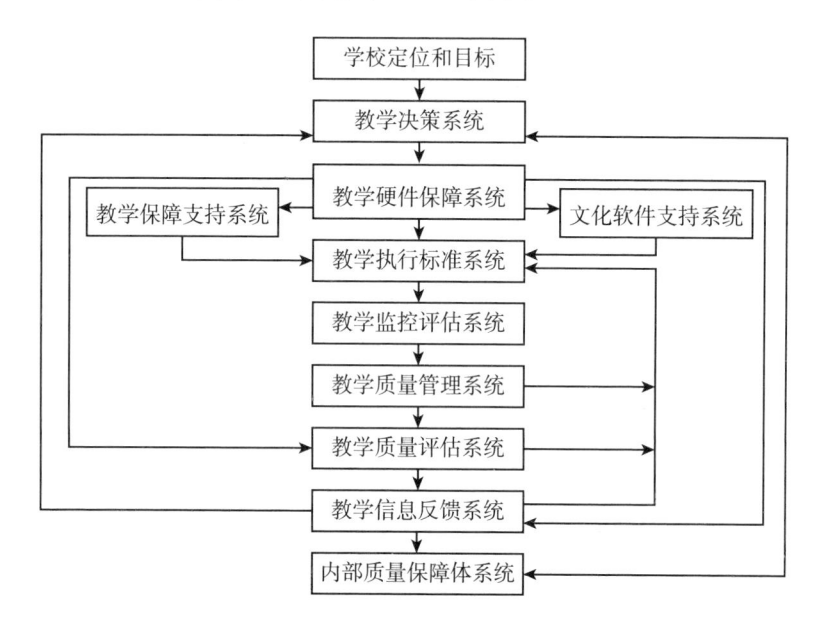

图 5-4-1 高校教学质量支持系统

依据高校教学质量支持的特点可以对高校教学质量支持系统的基本模型做一个简单的设计，并且对各个系统进行分析。

依据高校教学质量支持系统的功能及各构成要素可以确定高校教学质量支持系统的结构框架，这一框架如图 5-4-2 所示。

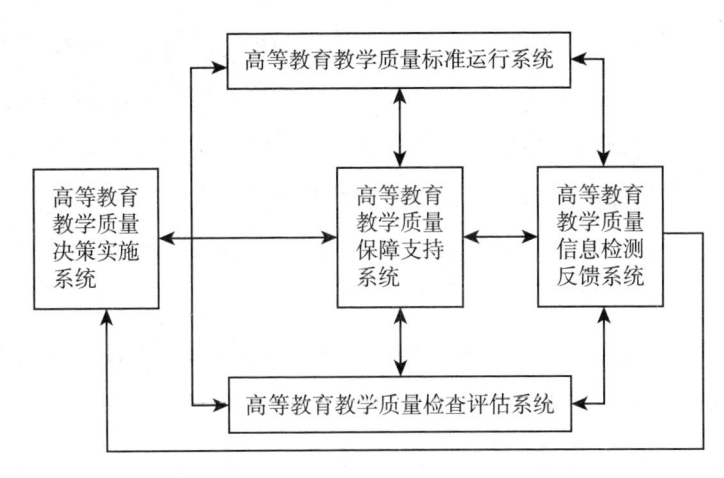

图 5-4-2　高校教学质量支持系统框架

由此可以看出，教学质量保障支持系统是整个系统的中心环节，它与其他环节之间的联系非常紧密，相互作用、共同影响，从而推动教学质量的发展。教学质量信息检测反馈系统作为整个系统的最终处理环节，不仅反馈整个教学质量保障系统，同时对教学质量决策实施系统具有重要的指导作用。

（二）高校教学质量支持系统的建立

要保证教学质量，建立一个可靠的教学质量支持系统是至关重要的，这一系统的建立不是一件容易的事情，要涉及方方面面的因素，教学管理者要认识到这一点，事先做好充分的准备。

在建立高校教学质量支持系统的过程中，首先要协调各教学质量支持主体之间的关系，以建立一个协同合作的教学质量支持团队。为了确保高校教学质量，需要高校内部所有成员的积极参与、全程参与，并建立多个机构和组织，共同达成质量目标。在教学管理方面，主导角色应由专业人员扮演，如教学管理人员、教学督导员和教学信息员。教务处是中心机构，负责协调院系和教研室等机构间的关系。所有负责质量支持工作的机构都应在分工协作的基础上推进工作，增强质量支持工作的系统性、组织性。要落实这一目标，必须制定教育体系并进行规范化运作，确保每个支持机构明确职责。通过多个质量支持主体在学校内协作，能够调动全体教职工的积极性，促进师生和各机构之间密切合作，以达到提高教育质量的目的。同时，还应该着重激发学生的主动性。要促进高等教育水平的提高，高校需要跟上时代的步伐，不断改进教学课程，努力培养和提升学生的综合素养。同时，高校应当强化教学评估的意义，认识到教师在提高教育质量方面的重大作用。为了保证教学质量的有效提升，高校需要建立五个子系统，教学决策指挥系统、教学保障支持系统、教学执行标准系统、教学监控评估系统和教学信息反馈系统，这五个子系统汇聚成一个完整的、相互关联的循环闭合体系，以确保高校教学质量的持续提高。

以整个教学过程为例，可以将高校教学质量支持系统分为以下几个部分。

（1）环境：包括课堂、教师及学校。

（2）运行：对运行过程进行监控，大致包括教学态度、内容、方法、效果等。

（3）结果：监测教学过程，得到的结果大致可以分为优秀、良好、及格和不及格。

在建设高校教学质量支持系统的过程中，可以设计以下几个方面的内容。

（1）对各类教学评价技术方法进行系统的梳理与甄别，特别对高校教学质量支持系统构建理论和方法进行研究。

（2）对高校教学质量支持系统中的教学质量生成过程及关键质量控制点进行剖析。

（3）以技术组合构成教学评价的方法体系。

（4）以评估为依据，构建教学质量支持系统框架，形成完善的质量保障和监控体系。

（5）促进本科教学质量管理体系不断完善。

（6）把教学质量支持系统应用到教学管理中，并不断完善这一系统。为建设一个科学、有效的教学质量支持系统，可以结合学校的具体教学实际设计质量保障监控与评估系统，如教师评教系统、学生学业预警系统等，它们都各具特色，并与兄弟院校进行沟通，为加快教学改革、提高教学效果提供客观、可靠的数据，从而促进教育教学改革的进一步深化、教师教学优良率及学生学习积极性的提高。

综上所述，建立高校教学质量支持系统时需要从以下几个方面进行。

1. 党委、校行政

在高校教学质量支持系统的建设中，学校党委、校行政要明确学校定位及办学思路，牢固教学的中心地位，保证相应的"人、财、物"的投入，制定教学质量保障政策和制度，组织建立调整教学质量管理和监控的组织机构，对影响全校性教学的重大问题进行合理的调控，以保证教学活动的顺利进行。

2. 教学指导委员会

教学指导委员会需要从宏观层面上管理和支持全校的教学质量工作。具体包括贯彻教学方针和政策、提供指导和建议、批准各种教学质量管理标准和方案、汇总反馈信息并进行调整以及精心调控影响教学质量的各种因素。总之，教学指导委员会需要全方位地支持和管理教学质量管理工作，以确保工作的顺利开展。

3. 教务处

教务处的主要职责是保证学校教学质量管理工作的正常运转。教务处负责起草或修订政策性的指导文件，这些文件与教学管理相关。具体包括人才培养方案以及教学计划等。他们也要起草或修订与教学质量管理相关的文件，还要组织调整教学质量并开展定期的教学质量调查和检查工作。另外，教务处还承担着协调和促进与教学工作相关的交流活动任务。

教务处的具体职责主要有以下几个方面。

（1）负责编制质量管理方面的各种规范性制度、各环节的质量标准和工作计划。

（2）组织全校性的教学检查和专项评估工作。

（3）组织实施和落实各级领导的听课制度。

4. 教学系

教学系是学校教学质量支持系统的主要环节之一，其具体职责主要有以下几点。

（1）建立健全本单位质量支持组织体系。

（2）明确本单位质量工作计划及具有可操作性的具体实施方案和有关规定。

（3）组织本单位的教学检查、评估、督导等工作。

（4）负责本单位的教学质量监控与评价工作。

5. 各相关职能部门

教学质量管理职能部门应当认真履行自身的职责，为提高教学质量提供支持和保障。校实验室建设的监控和评价职责由校实验中心担任。全校教师的监管和评估工作由人事处负责。学生工作处、学生工作部和院团委共同负责学风的监测和评估。每个部门各司其职，对教学质量进行管理并积极反馈信息。

6. 教育教学督导委员会

教育教学督导委员应合法地进行教育"监督、评估、指导"活动。教育教学督导委员会的职责涵盖了多个方面，具体如下。

（1）监督学校的日常教学管理工作。

（2）加强与年轻教师的沟通联系，为他们提供支持和指导，帮助他们提高授课水平。

（3）评估各院（系）教师的教学水平、质量。

（4）就学校的教学工作情况进行交流和研讨，同时提出改善建议。

（5）通过审查教学管理工作，推进教学管理的规范化。

7. 学生信息员队伍

为了保证教学目标的实现和加强教学、学习氛围的建设，可以选派那些学习态度正确、成绩优秀、诚实公正的学生作为信息员，这也是教学质量支持系统中的重要一环。一般情况下，学生信息员的主要职责有以下内容。

（1）负责搜集与教学有关的信息，定期完成教学信息反馈表。

（2）统计整理教师授课和学生学习的数据资料。

（3）定期或不定期客观地向教务处反馈教学情况，同时提出自己的意见和建议。

二、教学质量标准运行系统的建设

对于高校而言，在建设教学质量保障体系的过程中，应不断完善教学信息员制度、教学督导制度、教学考评制度等，以建立更加完善的教学质量保障体系。这些措施有助于高校和教师及时发现教育教学实践中存在的问题，并不断完善教育方式，提高教育质量。

一个完整的教学质量标准运行系统主要包括学生信息与教学评估信息两个方面，下面就对此进行具体的分析。

（一）学生信息

学生信息是指学生教学信息的反馈调控。高校应该坚持实施学生教学信息员制度，并以学生教学信息中心为主要载体，及时收集、整理学生的意见和建议，并将其反馈到个人，这有助于及时解决教学中存在的问题。

1.学生评价信息

学生是教学活动的主体，同时也是评估教学质量的主要参与人群。可以通过多种方式来收集学生对教学的意见和建议，如举行座谈会、让学生进行评教以及由信息员反馈教学情况等，另外还可以开通教务处信箱或者校长信箱等。

2.学生学习质量评价信息

学生学习质量评价信息的评价对象是学生的学习质量，它具体包括学生的学习过程以及学生的学习结果两个部分。通过教师、辅导员的反馈能够在一定程度上了解学生的学习状态及实际情况，然后借助期末考试对学生学习效果进行全面评价，将多种手段相结合，能有效地对学生学习质量进行客观的评价。

3.毕业生质量跟踪调查信息

高校可以采用普遍调查和抽样调查的方式对毕业生质量进行跟踪调查。各院（系）配合完成毕业生的跟踪调查工作，招生就业处和学生处共同协调配合。跟踪调查完成以后应撰写调查报告，并反馈给学院领导和各个教学系。这有利于评估人才培养工作的实际成效，为修订人才培养方案与优化课程结构提供依据，使高校培养出的人才更加符合社会的需求。

（二）教学评估信息

在高校教学质量评估系统中，教学评估信息属于教学质量标准运行系统的重要组成部分，作为设计者应科学设计评价方案，充分应用教师课程教学质量评价结果，发挥评价结果的积极引导作用，从而改进教师的教学方法，提高教师的教学水平。

1.校领导评价信息

在学校教育实践中，校领导应该深入教学管理部门和教师、学生当中，采取听课或者开展座谈会的方式了解学校的教学运行状态，找到教学中存在的问题并解决这些问题，以此来确保教学活动的顺利开展。

2. 教育教学督导员评价信息

高校相关领导应在每学期定期或不定期地到教师教学现场听课，并填写听课记录表，最后做出必要的评价。另外，学校领导应该了解授课教师尤其是青年教师的教学情况，对他们进行教学指导，并把教学信息及时反馈到教学督导办公室。学校应该不定时地检查学生的实习、毕业论文等信息，以获得更多的有效评估信息。

3. 教师教学评价分析

学校应在每一个学期末举行评价活动，主要评价教师的教学态度、基本技能、教学方法、内容效果等。评价实验、实习教学时，应该综合评价教学过程以及教学成果两个方面。不恰当的评价会影响教师的教学热情及积极性，降低教师在教学中的投入度。

教学活动中，教师担任着指导者的角色，发挥着至关重要的主导作用。学校用科学的教师评价体系来找出教学难点，并且就教学中的难点及存在的问题进行指导，帮助教师克服困难，激发教师的教学积极性，使教学方式及内容持续创新，进而提升教学质量。

教师的教学评估一般被划分为四个等级：优秀、良好、合格和不合格。总分在 90 分以上被评为优秀，80 到 89 分为良好，60 到 79 分为合格，低于 60 分为不合格。

4. 高等教育教学质量评价指标体系原则

高校教学质量评价指标体系的构建要坚持系统性、公正性、应用性和导向性原则。这样制定出的评价指标体系才更科学、合理。

（1）系统性原则。在设计具体评价指标时，一级指标之间既是相互联系的，又是彼此独立的。为了使评价者和被评价者理解评价的目的，应该给每个二级指标列出主要观察点，并且提供清楚准确的定义和科学化的解释。除此之外，还应该在整体评价指标体系制定完成后筛选指标及设置权重，以确保整个评价体系是完整的、系统的。

（2）公正性原则。在制定评价体系时，必须保证评价体系的公正性，否则评价活动就会失去意义且无效。为确保评价的公正性，首要任务是确保被选中的一级指标在评价对象之间具有可比性。为确保评价指标的合理性，必须对符合可比性条件要求的指标进行严格的推论并与其他指标进行横向比较。

（3）应用性原则。学校教学评价指标体系的设计要坚持理论与实践相结合、主观与客观相结合的应用性原则。在制定评价体系的过程中，必须遵循教育规律和客观实际，否则所制定的评价指标就会毫无意义，难以经受实践检验。因而，为了使活动评估更为有效，指标的选择需要简单、实用、易于执行，以及繁简适度。

（4）导向性原则。一个良好的评价指标能起到重要的指引作用。因此，在设计评价指标时，应该着重考虑其导向性和持续性，同时也应该采用发展性的思路来制定评价指标，以便更好地指导未来的工作和发展方向。评价的关键并不在于排名和分级的高低，而是要引导被评估的部门朝着正确的方向发展，以发挥评价工作的引领作用，确保教学评价活动的顺利实施。

三、教学质量检查评估系统的建设

在高校教学活动中，搭建教学质量检查评估系统是非常重要的，它是教学质量决策实施系统的重要组成部分。下面主要阐述建设教学质量检查评估系统的工具以及实施办法。

（一）利用观察

采用观察法进行评价时，评价者需要进行现场观察，直接观察评价对象各项指标的表现情况。与日常观察不同，这种观察需要科学控制和明确重点，以避免主观臆断和印象笼统、含糊。这种评价方法通常适用于行为表现方面的评价。

1.观察法的分类

通常来说，观察可以分为两种类型，即非参与（不介入）观察和参与（介入）观察。在非参与观察中，观察者位于被观察对象的外部，他们旁观发展过程，并记录事件的发生，他们不会提出问题，只是记录过程。而在参与观察中，观察者直接参与被观察过程，与被观察者建立一定的联系，并参与他们的活动。在进行参与观察时，观察者可以保持中立，不积极参与集体活动。观察者应该持谨慎态度，细心观察。

如果从控制条件来看，观察法可以分为两类：自然观察法和实验观察法。

自然观察法是在日常的教育、教学或生活环境中进行观察，需要明确要观察的内容，并保持自然条件不受干扰。

实验观察法是一种人为创造严密的条件，引导学生产生特定行为反应并进行观察的方法。从取样的角度来看，可以将其分为时间样本法和情境样本法。其中，时间样本法是连续观察，如观察教师上课时的语言表达能力，可以在整节课或整个教学周期内进行连续观察。

2. 观察法的记录

观察法是使用直接感官体验和记录来搜集相关资料的方法。通常，可以通过快速记录、卡片记录、表格记录、观察日记、录音录像等方式进行记录。

观察法能很好地测试出测评人的外显行为，但对于一些人的心理活动则无法通过观察法得出，这种情况就可以使用问卷法，问卷法可以测评人的兴趣、态度、思想倾向等内容。问卷法具有很明显的优势，比如不受空间的限制，获取资料的时间较短，评价的结果也更加准确等。

（二）利用访问

评价工作者和被测评人员进行面对面交谈来获取资料的方法叫作访问法。访问是有目的的对话，它按照准备好的问题进行访问，有时候也会通过电话进行访问。

1. 全盘策划

在进行正式访问前，首先要确定各要素是否准备齐全，如所需的人力和物力是否准备好。另外，还要认真地制订工作日程表，其中包括工作项目和完成时间，如选定访问对象、设计问题、确定或培训访问员、工作安排等。其中，在确定访问员时应考虑其品质，也应考虑其性别、年龄以及对被访者的影响等。

2. 接触受访者

在进行正式访问前，应向受访者说明访问的目的、意义、时间、地点等，并对来访者做自我介绍，以便联系。要注意，访问的场所最好是一个单独的空间，这样才能取得良好的访问效果。

3. 正式访问

一名优秀的访问员善于与受访者建立良好的关系，在进行访问的过程中，能很好地控制自己的情绪，并认真记录对话内容。记笔记时，可以使用速记、缩写或易于识别的符号等。然而，记录对话时可能会让交谈者分心并感到不安，因此有时候可以尝试依靠记忆记录对话内容。最佳的做法是配备两名访问员，一人负责提问，另一人专心记录回答的内容。在访问过程中，访问员应该放松心情，事先熟悉要提的问题，以事先做好心理准备。在问问题时，应保持客观中立的态度，避免自己的情感影响受访者的答案。

（三）利用测量

测量法是对教育领域内的事物进行数量化的测定，如对学生的学习能力、学业成绩、兴趣爱好、智商、品德以及心情、情绪等进行量化测定。在用测量法进行测定时，需要使用对应的测量工具，比如使用测验题来测量学生的学习能力和学业成绩。量表是用来测量学生兴趣爱好和思想品德的工具。量化学生情绪、心态的工具是仪器，通过测量学生脉搏、呼吸、血压、心率、皮肤电以及外部行为的表现来进行评估。综上可以看出，测量工具包括测验试题、量表和仪器设备等。通常在对教育教学质量进行测评时，我们一般会从效度和信度两个方面进行考虑，以确保测量结果的有效性和准确性。

1. 效度测量

效度是指测量是否实现了预期的目的，是否达到了测量的效果。比如，一把尺子，用来测量人的身高是很有效的，若用来测量人的体重，那就无效了。在教育测量中，效度测量比其他领域的测量更为重要。

与一般的测量不同，教育测量有自己的特点，这主要体现在以下几个方面。首先，它主要应用于精神现象的测量。这些现象无法直接测量，只能通过测量可观察的外部表现（如言语或动作）间接了解其心理活动、心理特征或认知水平等。其次，通常情况下，学生的心理活动及其特征与其外部表现之间存在相关性，但并非完全的函数关系。因此，我们不能仅仅通过学生的外部行为来准确地了解其心理状态。最后，教育测量的对象是具有主观能动性的人，而不是客观的物件。人类可以有意识地控制自己的动作，以掩盖他们的内心感受，这会增加测量的复杂程度。因此，在进行测量时，需要高度重视效度问题。

2. 信度测量

信度指的是测量工具的稳定性，换言之就是看测试的结果能不能把测试者实际的能力水平反映出来。假如测试的结果能够将被测试者的实际能力水平反映出来，那这个测试就具有比较高的信度，这个测试也就是可靠的。学校教育评估的主要对象是思维、心理等非物质的精神现象，这些非物质的现象很难被精准地测量出来。高信度的教育测量可以为教育工作者提供可信的数据，帮助他们进行教育预测、决策。另外，它还可以帮助学生明确自身的实际情况，让教师采取更有针对性的教学方式，进而提升学习的质量。

参考文献

[1] 苗青.中华优秀传统文化与高校青年教育管理研究[M].北京：新华出版社，2021.

[2] 许衍琛.钱穆高等教育管理思想研究[M].广州：暨南大学出版社，2021

[3] 刘宏，李光宙.国际化人才战略与高等教育管理[M].广州：暨南大学出版社，2020.

[4] 任燕妮.信息技术型人力资本与农业教育管理[M].西安：西北农林科技大学出版社，2019.

[5] 黎红友.新时期高校辅导员教育管理工作精细化探析[M].成都：四川大学出版社，2016.

[6] 汪东升，谢均.研究生教育管理探索与创新[M].成都：四川大学出版社，2015.

[7] 安世遨.教育管理对话论[M].重庆：重庆大学出版社，2014.

[8] 黄信.人本教育理念与民族地区高校思想政治教育创新[M].成都：四川大学出版社，2014.

[9] 田晓勇.地方高校教育管理理论与实践：以宁夏师范学院为例[M].银川：宁夏阳光出版社，2013.

[10] 李静.中外体育院校研究生教育管理比较研究：以北京体育大学研究生教育管理为例[M].北京：北京体育大学出版社，2011.

[11] 白丽娜.浅谈高校基层教学管理人员的素质与能力提升[J].北京政法职业学院学报，2023（2）：112-116.

[12] 吕金宝.高校教学管理信息化建设路径探讨[J].佳木斯职业学院学报，2023，39（5）：124-126.

[13] 李俊，张良军，鞠艳梅.浅析高等教育信息化对教学管理改革的推动作用[J].高教论坛，2023（3）：88-90；105.

[14] 徐来. "互联网+"背景下高职院校教学管理改革探析[J]. 中国新通信, 2023, 25（6）: 170-172.

[15] 方凌雁, 滕春友. 以教研转型助力学校教学管理变革[J]. 上海教育科研, 2023（3）: 25-30.

[16] 杜雅. 基于以人为本理念的高校教育管理工作创新思考[J]. 公关世界, 2023（8）: 109-111.

[17] 李明升. 新形势下高校大学生教育管理实效性的提升[J]. 创新创业理论研究与实践, 2023, 6（5）: 79-81.

[18] 林晓锋. 新时代高校教育管理的创新路径研究[J]. 江西电力职业技术学院学报, 2023, 36（2）: 119-121.

[19] 包涵, 柳谦. 信息时代大学教育管理现状及解决策略[J]. 科教导刊, 2023（5）: 53-55.

[20] 孙正伟, 于永政. 新时代高校教育管理创新路径探索[J]. 佳木斯职业学院学报, 2023, 39（2）: 119-121.

[21] 宋昊洋. 普通高校公共体育俱乐部制教学管理模式及优化路径研究[D]. 阜阳: 阜阳师范大学, 2022.

[22] 陈佳婷. 信息化发展对基础教育阶段教学管理的影响及改进策略[D]. 苏州: 苏州大学, 2022.

[23] 王虹千. 黑龙江省属高校体育教学管理问题研究[D]. 哈尔滨: 哈尔滨商业大学, 2022.

[24] 苏晓涵. 黑龙江省高校混合教学管理研究[D]. 哈尔滨: 哈尔滨商业大学, 2022.

[25] 黄月烨. 高校教学管理部门落实课程思政建设"一岗双责"的路径研究[D]. 上海: 华东政法大学, 2022.

[26] 龙佳. 高校教学管理制度对教师教学行为的影响研究[D]. 长沙: 湖南农业大学, 2021.

[27] 陆双双. 高校线上教学质量管理研究[D]. 哈尔滨: 哈尔滨师范大学, 2021.

[28] 王潇. 基于学生视角的全日制硕士生教学管理满意度研究——以G大学为例[D]. 桂林: 广西师范大学, 2021.

[29] 陈琪. 高校来华留学生教学管理问题及对策研究——以 Z 高校为例 [D]. 南昌：南昌大学，2021.

[30] 江晓燕. 互联网＋背景下应用型本科高校"思政课"教学管理问题与对策研究 [D]. 昆明：云南师范大学，2020.